親鸞聖人御誕生八百五十年
立教開宗八百年
慶讃

親鸞聖人の一生

今井雅晴
Masaharu Imai

記念誌発刊に寄せて

来る二〇二四（令和六）年四月、築地本願寺において、「親鸞聖人御誕生八百五十年・立教開宗八百年慶讃法要」を修行するにあたり、このたび親鸞聖人の歴史研究の第一人者である今井雅晴先生ご執筆による法要記念誌、『親鸞聖人の一生』を発刊する運びとなりましたことは、この上ない喜びであり、今井先生には心より感謝の意を表します。

さて、宗祖親鸞聖人は四二歳のとき、ご流罪先の越後（新潟県）から関東各地に入られ、二〇年の長きにわたってお念仏のみ教えを伝えられました。そして、一二二四（元仁元）年、聖人五二歳のときに『顕浄土真実教行証文類』（『教行信証』）を著されたことから、この年を〝浄土真宗の立教開宗〟としています。

いよいよ明年は、その立教開宗八〇〇年という大きな節目をお迎えします。慶讃法要の修行はもちろんのこと、各分野での記念行事の準備を滞りなく進めてまいりますので、みなさまお誘い合わせのうえ、何卒ご参拝くださいますようご案内申しあげます。

みなさまとご一緒に、五〇年に一度のご勝縁に出遇えることを喜び、聖人九〇年のご一生に想いを馳せ、学んでまいりましょう。

二〇二三（令和五）年九月

築地本願寺宗務長　中尾史峰

まえがき

本書は、明年二〇二四年（令和六）四月、築地本願寺において親鸞聖人御誕生八百五十年・立教開宗八百年を慶讃する法要が行なわれるにあたり、その事業の一つとして刊行していただくものです。

親鸞聖人は平安時代の最末期に誕生され、鎌倉時代の半ばに至るまでの長い一生を過ごされました。そして優れた宗教家、また思想家として活躍され、さらには現代に至るまでの数かぎりない人々に生きる導きを示されてきました。本書はその親鸞聖人の伝記を可能なかぎり歴史的観点から究明し、また昔からの人々が大切にしてきた伝えを尊重しつつ、一冊にまとめたものです。

本書によって、現代の方々に、八百年の昔の社会で理想に生きた親鸞聖人の実像に少しでも触れていただくことができれば、大変うれしいことです。またこのような本書執筆の機会を与えていただいた親鸞聖人に、心から感謝の意を捧げたいと思います。

本書の刊行にあたり、築地本願寺宗務長中尾史峰様から「記念誌発刊に寄せて」とのご寄稿をいただきました。まことにありがたく感謝申し上げております。また刊行までには宗務長様をはじめ築地本願寺の関係部署の方々にいろいろとお世話になりました。あつく御礼を申し上げます。

今井雅晴

なお、以下の本文中では親鸞聖人以下の敬称は省略させていただきますことをご了承ください。

◇目　次◇

親鸞聖人の一生

京都・比叡山時代

越後時代

関東時代

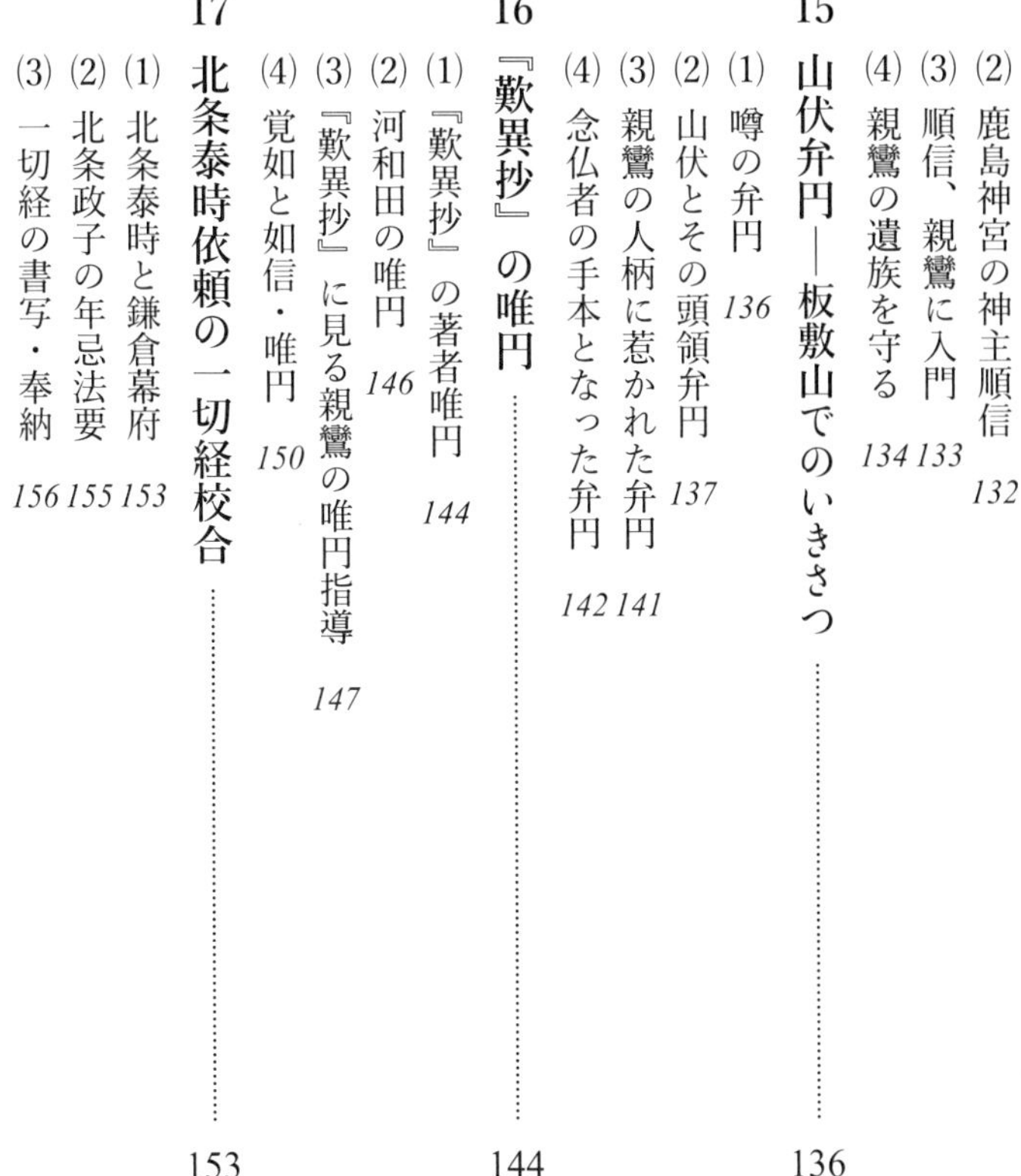

カバーデザイン・イラスト　村井千晴

はじめに——親鸞の一生の概観

親鸞は今から八百五十年前、平安時代の最末期に誕生し、鎌倉時代の中期まで九十年の長きにわたる人生を送りました。その時代は、おりしも、貴族の世から武士の世に移る、政治的にも社会的にも動揺していた、戦争もしきりに起きた時代でした。世は乱れて、貴族の間では、世も末だという「末世（まっせ）」が意識された時代でした。一方、仏教の方からも、自分で自分を救う能力が失われてしまったという苦しい「末法（まっぽう）」の世に入った、と意識されていました。

他方、全国に展開し始めた武士たちは、自分たちが積極的に生きることのできる社会を作るべく、盛んに活動を始めていました。その中では自分と相手の命をかけた争いも各地で起きていました。そしてそのことによる苦しみも深まっていました。

このような社会の中で、どうすれば悩む人々を救うことができるか。その試みが僧侶の中から生まれていました。その代表的な一人が親鸞でした。親鸞は、阿弥陀仏の念仏による救いを信じ、また救われたことに感謝し、そのご恩に報いようとの思いを込めて生きること、信心と報謝の念仏を説きました。

教えを説く人にとって重要なことは、今がどのような時代であるか、何が生きる上での問題であるか、人々は何を切実に求めているかを深い洞察力を持って知ろうとすることでしょう。その上で自分を磨きつつ、前に進むことでしょう。親鸞はそのことに深く思いを致していたのです。

親鸞は貴族の家に生れながら、その家は没落し、わずか九歳で出家して比叡山に登りました。しかし二十九歳でその出家生活に限界を感じ、比叡山を下りて法然のもとで専修念仏を学ぶ生活に入りました。それは三十五歳まで続きましたが、三十五歳の時に突然、越後国に流されました。その越後国においては、自分の念仏の境地を深めるとともに、田や畑その他の地域で生産の生活を送る人々の中で、しかもすでにさまざまな信仰がある中で、どのようにすれば念仏を受け入れてもらえるか工夫を重ねました。

親鸞は四十二歳の時、すでに京都で結婚していた妻の恵信尼や子どもたちとともに、念仏布教に生きる決心をして関東に向かい、六十歳までをそこで過ごしました。関東ではその念仏布教に大きな成果を上げました。大勢の門弟ができたのです。そしてそこまでの宗教体験をもとに五十二歳の時に執筆したのが『顕浄土真実教行証文類（教行信証）』です。浄土真宗では、その執筆を以って立教開宗としています。親鸞の立教開宗は、単に宗教的に重要な価値の発見だけにとどまらず、その価値が間違いなく人々を救うという実績と確信を以って宣言したものなのです。

その後親鸞は六十歳で帰京し、九十歳までの人生を送りました。しかし、いったい誰が帰京後三十年という長い人生を送られると予測したことでしょうか。それは親鸞自身も同じことだったでしょう。

京都の親鸞は、時折訪ねてくる門弟に会い、ふだんは主に手紙によって遠方の門弟たちの様子を聞き、また指導していました。その中では、やがて社会的問題を起こしてしまう門弟たちにいかに対処するか、さらには息子の善鸞と思うように心が通じなくなったことなど、さまざまなできごとがありました。

しかし親鸞はそれらを乗り越え、最晩年である八十代に多数の著書を執筆し、その後現代に至るまで無数の人々を導いているのです。

以下、親鸞の一生を住んでいた所によって、その誕生からの【京都・比叡山時代】、三十五歳からの越後国での【越後時代】、四十二歳からの【関東時代】、六十歳からの【再びの京都時代】の順にまとめて見ていきます。

☆ 親鸞関係系図

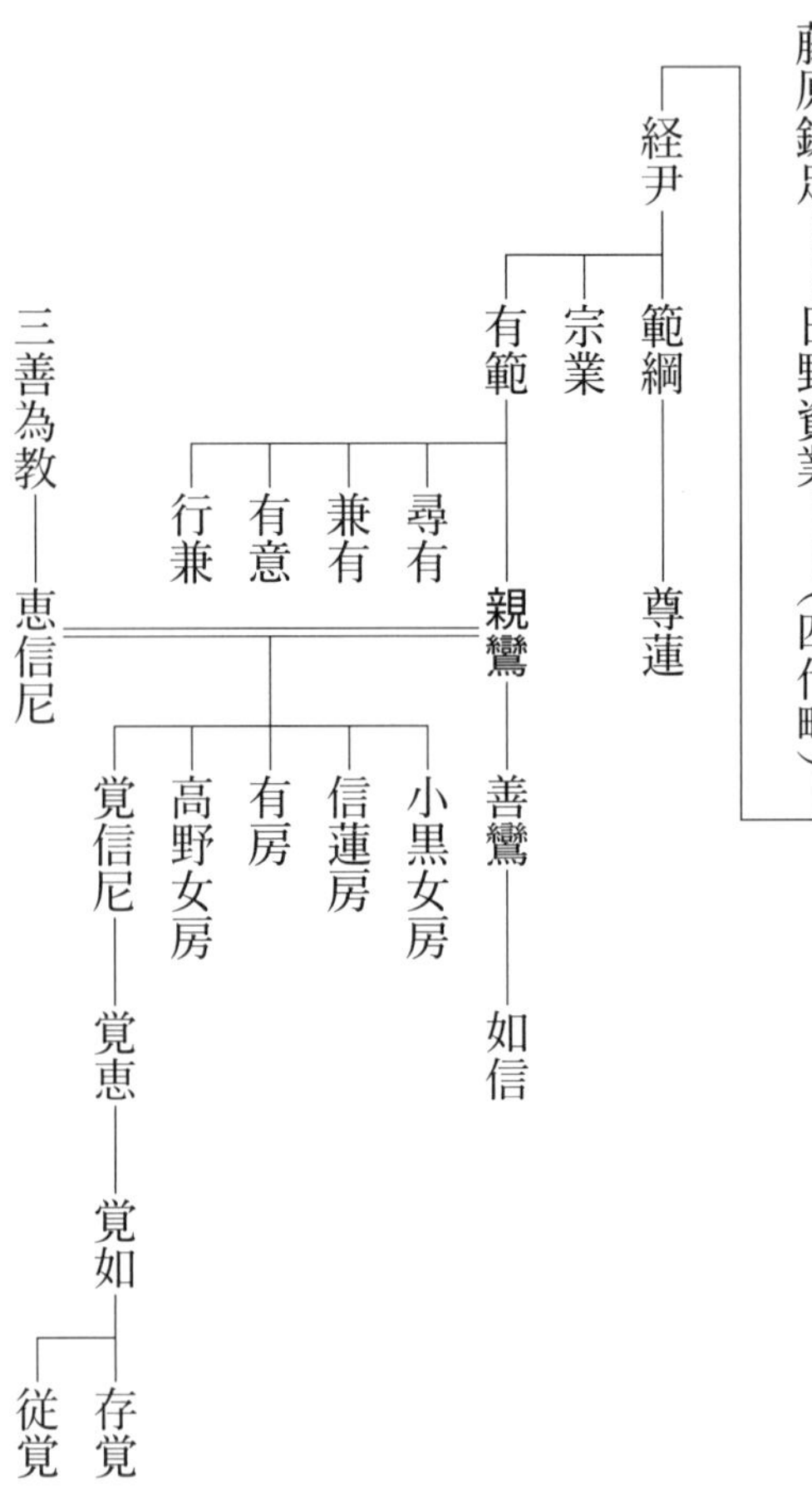

注：本書に引用する親鸞執筆の消息（手紙）・『教行信証』以下の書物、恵信尼の消息、唯円の『歎異抄』、覚如の『親鸞伝絵（御伝鈔）』等の引用は浄土真宗聖典編纂委員会編の『浄土真宗聖典』（註釈版第二版）に拠っています。

京都・比叡山時代

1 親鸞の誕生と大勢力の伯父たち

(1) 誕生とその時代

親鸞は平安時代最末期の承安三年（一一七三）、京都の貴族の家に生まれました。

そのころ、朝廷では平清盛が全盛期に向かって進みつつありました。清盛は、もともとは伊勢国（三重県）に領地を持って朝廷に仕える、身分がそれほど高くない武官でした。しかし久安二年（一一四六）、二十九歳で安芸守になったころから瀬戸内海地方に勢力を伸ばし、中国との貿易に乗り出して莫大な利益を上げ、それをもとにして軍事力を伸ばしました。

保元元年（一一五六）、京都で後白河天皇と兄の崇徳上皇との戦争が始まると、清盛は源義朝とともに天皇に味方してその勝利に貢献しました。保元の乱です。

三年後の平治元年（一一五九）、今度は清盛と源義朝との戦争が、京都で起こりました。平治の乱です。これに勝った清盛は、以後、中納言から権大納言・内大臣・従一位太政大臣と、権力の座を駆け上がっていきました。

当然、このような清盛の勢力大発展は後白河上皇や藤原氏を中心とする貴族たちの反発を招き、不穏な状態が続きます。また地方では平治の乱で伊豆国（静岡県）に流されていた源頼朝（義朝の息子）が二十歳代の半ばになり、信濃国（長野県）の木曽義仲（義朝の甥）も二十歳代に入ろうとしていました。彼らは清盛が朝廷で大権力を握れるのだったら、自分だって握れる、と思い始めていたのです。乱世を予感させる時代でした。親鸞はその中で生まれ、育ったのです。父は藤原氏の一族ながら貴族としては身分の低い日野有範という人物で、親鸞はその長男でした。

なお、位が一位から三位までの貴族は上級貴族、四位から五位は中級貴族、六位から八位・初位は下級貴族とされています。上級貴族は公卿と呼ばれ、経済的にも破格の待遇を受けます。中級貴族は身分としては低いのですが、経済的には十分に処遇されます。下級貴族の身分はさらに低く、給料も十分には与えられません。ですから下級貴族はアルバイト的な仕事を探さなければなりません。六位以下の者が五位に昇級させてもらうと、家族・親類が大喜びで集まってお祝いの会を開いたそうです。

また、中下級貴族は上級貴族の家で働く役につき、その見返りに官位・官職を上げてもらったりしました。この役を家司（けいし）といいます。

日野有範の名字の「日野」とは、現在の京都市伏見区（ふしみく）にあった藤原氏の領地の地名です。皇居からは南へ十数キロの距離にあります。平安時代の半ば、そこを治めていた藤原資業（ふじわらのすけなり）（九八八～一〇七〇年）が初めて「日野」という名字を名乗りました。日野は皇居からは遠く、日常的な勤務には不便ですので、ふだんはそこに住んでいません。たとえば、後述する親鸞の伯父は京都四条に住んでいました。皇居から二キロほどの所です。

また親鸞の母は、南北朝時代の史料によれば、吉光（きっこう）または貴光（きこう）という名前だったそうですが、その伝記や出身の家などは不明です。

⑵ 儒学の日野氏

奈良時代初め以降、朝廷の貴族の数はしだいに増えていきました。それでなかなか官位・官職が得られなくなり、家学つまりはその家の得意な学問分野や文化・芸術を磨き、それを摂政（せっしょう）・関白（かんぱく）・太政大臣等の権力者に認めてもらって、官位・官職を得よう、という風潮になりました。たとえば藤原俊成・定家親子の和歌の道です。日野氏は儒学でした。

儒学は中国文学・歴史を修める学問です。乱世の時代をいかにすれば平和にすることができるかを説くものです。日野家はその儒学を極め、時に天皇や大臣からの相談に預かり、他方では大学寮（貴族の若者の教育機関）の儒学の教授である文章博士就任を狙いました。みな懸命に勉強しました。親鸞の伯父の日野範綱や日野宗業たちは、ある事情があり、特に一生懸命勉強したのです。

⑶ 伯父たち──日野範綱・日野宗業

日野経尹

日野範綱兄弟が特に一生懸命勉強した事情とは、次のようなことです。兄弟の父である経尹は、儒学を勉強しなければいけないのですが、『尊卑分脈』の経尹の項に「放埒の人なり」という注が付いています。これは、「経尹は、勉強をせず、勝手なことをして遊んでいた」という悪口です。すると息子たちにはよい官位・官職が与えられないことが普通だったのです。なお、『尊卑分脈』は日本の中世でもっとも権威のある系図集です。

ですから経尹の息子たちは生き残りをかけて必死に勉強しなければならなかったのです。範綱は保延四年（一一三八）ころの生まれと推定されますので、親鸞誕生の時には三十六歳くらいです。宗業は康治元年（一一四二）生まれであることはわかっていますので、親鸞誕生の時は三十二歳です。

日野範綱

懸命に勉強し努力する範綱に後白河法皇は注目し、信頼して近臣として重く用いるようになりました。このころ、貴族として出発点の身分は低いけれども、天皇（上皇、法皇）に重用された人物のことを「近臣」と称しました。親鸞誕生後四年目の安元三年（一一七七）、京都鹿ケ谷で陰謀事件が発覚しました。当時全盛の平清盛を倒そうと後白河法皇が仕組んだものです。さすがにその席に法皇が出席するわけにはいかないので、代理を送りました。それが範綱でした。『平家物語』巻第一に、「式部の大輔章綱」として範綱が出てきます。「章綱」は範綱の前名です。

この陰謀はたちまち清盛の知るところとなり、十数名の参加者はすぐ捕まりました。そして範綱は播磨国に流されてしまいました。しかも、のちに関白になった九条兼実の日記『玉葉』安元三年六月三日条によれば次のようにあります。

式部大夫章綱〔院の近臣〕先日捕召され、即ち放免さる。また召し取られ禁固さる。

身体已に損じ了ぬと云々。　（原漢文。以下同）

「範綱〔後白河法皇の近臣〕は先日逮捕されましたが、すぐ解放されました。しかしまた捕まってしまいました。拷問を受けて怪我をしているようです」。なんと範綱は清盛方の拷問を受けていたのです。そして実際に播磨国に流されましたが、やがて帰されました。

寿永二年（一一八三）、今度は木曽義仲が京都へ攻め込んでくると、法皇は鎌倉で力をつけつつあった源頼朝と組んで、義仲排除に動きました。しかし失敗し、義仲は上皇の側近たちの解任と追放を要求しました。この中に範綱も入っていました。この年、親鸞は十一歳、二年前に出家して比叡山で修行していました。

文治元年（一一八五）、頼朝は弟の範頼・義経を送って木曽義仲と平家を滅ぼしました。すると翌年、頼朝は早くも後白河法皇と仲違いをし、法皇の信頼厚い貴族たち数人の免職を要求しました。範綱もまたこの中に入っており、その時の職名は兵庫頭でした。兵庫頭は、朝廷の武器の製造・管理を担当する兵庫寮の長官です。法皇は朝廷の武器部門も掌握していて、その長官が範綱だったのです。範綱は法皇直属の軍事力である北面(ほくめん)の武士(ぶし)たちを統率(とうそつ)していたことも推定されます。頼朝は危険な部署の責任者としての範綱を狙い撃ちにしたのでしょう。実際、範綱は免職(めんしょく)になりました。

しかし、範綱の実力と上皇との親しさを把握すると、頼朝は範綱を上皇と自分との連絡役の一人にしています。建久(けんきゅう)二年（一一九一）、頼朝の信頼厚い大江広元(おおえのひろもと)が上京してきました。その時の範綱との往復書簡が十五点現存し、東京大学史料編纂所(しりょうへんさんじょ)に保管されています。

翌年の建久三年（一一九二）、後白河法皇は亡くなりました。範綱はその葬式の時、法皇の棺桶(かんおけ)を担ぐ役割を果たしています。以後の範綱の動向は不明です。

身分の低い貴族の出ながら、範綱は最後には後白河法皇に従三位参議(じゅさんみさんぎ)に引き立てられていました。従三位は上級貴族であり、参議は太政大臣や大納言らとともに国政を運営する公卿会議のメンバーです。範綱は貴族のトップの集団に入るという出世を果たしたのです。

日野宗業

範綱は家学である儒学にはあまり力を入れなかった気配で、途中から政治の道に転向して大成功しました。しかし弟の宗業はひたすら儒学の道に進んで文章博士になることを目指しました。そのためには、儒学を教える学校に入り、最後の試験に合格し、「方略(ほうりゃく)の宣旨(せんじ)」と通称された天皇からの合格証明書が必要です。

平治元年（一一五九）、十八歳で学校に入った宗業は懸命に勉強しましたが、なかなか「方略の宣旨」はもらえませんでした。やっともらえたのは承安三年（一一七三）のことでした。なんと十四年も経っていました。ところがせっかくもらった「方略の宣旨」もすぐ取り消されてしまいました。その理由は、まず宗業の父が遊び人であったことで、その息子が「方略の宣旨」をもらうことに反対の勢力があったのです。

治承四年（一一八〇）五月、後白河法皇の皇子である以仁王(もちひとおう)が源頼政(みなもとのよりまさ)とともに反平家の挙兵をしましたが、流れ矢に当たって敗死しました。ところが誰も以仁王の顔を知りませんでした。ただ、宗業が以仁王の勉学の師であったことを知っていた者がいて、宗業を呼び寄せて顔を見せ、確かに以仁王であったと確認したそうです。

さらにその年の九月、宗業は「方略の宣旨」をくださいと当局に申し入れました。院政を敷いていた後白河法皇は、右大臣九条兼実に意見を聞きました。兼実は朝廷の慣行や貴族たちの学業に詳しかったからです。彼自身も学問については第一人者という評判でした。

ここで兼実が答申した意見が『玉葉』同年九月十八日条に、

　名誉の聞こえあり（中略）才漢等輩（さいかんとうともがら）を抜く、

「とても儒学に優れているそうで（中略）人々よりずっと能力があります」と載っており、宗業を高く評価しています。おかげで宗業は「方略の宣旨」をもらうことができました。

さらに二ヶ月後の『玉葉』十一月十二日条に、「宗業は才学文章相兼（あいか）ね、名誉は天下せらる（宗業は儒学の知識と優れた文章力も併せ持ち、すごい人だと評判です）」とあります。べた褒めです。兼実が『玉葉』で他人の学問をこれほど褒めた記事は、他にありません。

正治（しょうじ）二年（一二〇〇）、宗業はついに文書博士に任命されました。すでに五十九歳になっていました。しかしこの間に後鳥羽上皇（ごとばじょうこう）の信頼を得て、その近臣になりました。そして「後鳥羽院には四儒随一（しじゅのずいいち）たり（後鳥羽上皇の優れた四人の儒学者のうちでも第一人者）」（『慕帰絵（ぼきえ）』）と言われるように、儒学者として重要な役割を果たしました。

最終的には兄の範綱と同じく従三位を与えられ、公卿と呼ばれる身分となっています（拙稿「親鸞比叡山下山までの伯父たち・日野範綱と日野宗業――努力と遅咲きの家系――（上）（下）」『東国真宗』第一二号・第一三号、二〇二二・二〇二三年）。

⑷ 親鸞六歳からの勉学

貴族の男子は六歳（数え年です）から教育を受けました。親鸞の先生になってくれたのは、伯父の宗業でした。存覚の『報恩講嘆徳文』の注に、

> （親鸞は）初めには俗典を習ひて切磋す。これはこれ、伯父業吏部の学窓にありて、聚蛍映雪の苦節を抽んづるところなり。

「親鸞は、学びの初めには仏教以外の古典を一生懸命勉強しました。式部大輔を務めた伯父の日野宗業の門下として『蛍の光、窓の雪』の苦労を重ねたところです」とあります。

親鸞六歳は、宗業が「方略の宣旨」を取り消されていた間の時でした。宗業はもう若者ではありませんが、重苦しい気持ちを抑えて、甥親鸞の教育に当たったのです。

2　親鸞の出家と比叡山時代

(1) 父日野有範の出家

有範は前述した範綱・宗業の弟とされています。しかし、実は範綱兄弟の正確な人数はわからないのです。『尊卑分脈』や『日野一流系図』『大谷一流系図』に示されている系図には何ヶ所もの出入りがあります。範綱・宗業・有範の三人が同母であったかどうかも、正確にはわかっていません。

ただ、親鸞の一生に重大な影響を与えたのは範綱・宗業・有範三兄弟には違いありませんので、この三人について注目しています。

有範は皇太后宮大進（こうたいごうぐうだいしん）（「大進」は第三等官。従六位上相当の職）でしたが、親鸞を頭に五人の息子をおいて出家してしまいました。親鸞が出家したのが治承五年（一一八一）春のことですから、それ以前でしょう。理由は不明です。兄の範綱・宗業に続いて出世をがんばろうという気持ちの中で、おりしも前年の以仁王の挙兵に何らかの形で加わり、それを咎められて出家せざるを得なかったのではないか、という説もあります。

ただ長男がまだ九歳なのに父が出家したのではその家は潰れます。有範の息子五人は次々に出家しました。この「出家」は、貴族が何か大きな失敗をした時、貴族としての誇りを維持しつつ生きていくほとんど唯一の方法でした。出家の世界でも、俗世間の身分は尊重されますので、誇りを失わずに生きていけたのです。

⑵ 親鸞の九歳での出家・伯父範綱の保護

治承五年（養和元、一一八一）春、親鸞は出家しました。『親鸞伝絵』上巻第一段に次のようにあります。文中、「阿伯」は「伯父様、伯父ちゃん」といった意味です。また「法性寺殿」とは関白で法性寺を建立した藤原忠通、月輪殿とは当時右大臣の九条兼実のことです。忠通の息子です。兼実は月輪殿と呼ぶ別荘があったので、兼実自身もそのように呼ばれたのです。

九歳の春のころ、阿伯従三位範綱卿（時に従四位上　前若狭守、後白河上皇の近臣なり。上人（親鸞）の養父〕前大僧正〔慈円慈鎮和尚これなり。法性寺殿御息、月輪殿長兄〕の貴坊へあひ具したてまつりて、鬢髪を剃除したまひき。範宴少納言公と号す。

「（親鸞聖人は）九歳になった春のころ、伯父様の従三位藤原範綱〔その時はまだ従四位上で、前若狭守でした。後白河法皇の近臣で、親鸞聖人の養父です〕が、前大僧正〔慈円です。慈鎮和尚のことです。藤原忠通の息子で、兼実は慈円の長兄です〕の寺院へ伴ない、頭の髪と耳側の髪を剃って出家させ、範宴少納言公と号しました」。

九条兼実・慈円関係系図は次のようになります。

藤原忠通─┬─九条兼実──任子（後鳥羽天皇中宮）
　　　　　└─慈円

親鸞はまだ子どもですから、普通は父親が付き添います。しかし父有範は出家していますので、このような席には出席できません。それで養父の範綱が連れていったのです。

(3) 戒師は慈円か？

『親鸞伝絵』には、親鸞を出家させる役（戒師といいます）が慈円であったと記しています。ただ範綱の身分で右大臣の弟に戒師を頼むことができたかどうか。しかしこの時、範綱は後白河法皇の有力な近臣ですから、不可能ではない？ と迷うところです。

ただし、よく言われてきたような「京都・青蓮院の住職である慈円」という説は誤りです。たしかに慈円は青蓮院の住職になりますが、それは親鸞の出家から半年後です。

親鸞は出家して範宴少納言公と名乗りました。「範宴」は法名で、父有範というよりも、養父範綱の名の一字をもらったものでしょう。「少納言公」は公名といい、寺院での通称です。近親者の官職名を誇らしげに付けることが多いのですが、三分の一くらいはそれとは無関係の公名を付けています（平松令三『親鸞』吉川弘文館、一九九八年）。親鸞の身近な者で少納言は見当たりません。

(4) 比叡山での修行と限界

比叡山延暦寺は天台宗の寺院です。最澄が延暦七年（七八八）に一乗院を建立して始めたのです。天台宗は『法華経』を基本としており、天台法華宗とも呼ばれます。最澄はすべての衆生は成仏できる、悟りを得ることができると説きました。まもなく朝廷から公式の宗派として認められました。

天台宗は、おりしも都が奈良から京都に移って、旧来の仏教のしがらみから離れたいと望んでいた天皇や貴族たちの強い支持を受けました。そして密教やその他さまざまの教えを取り入れた総合仏教となって発展しました。

親鸞が比叡山に入ったころは、世界は永承七年（一〇五二）に末法に入ったとする末法思想も広まっていました。末法の時代には、衆生は悟りを得る力はないとされていました。そこに阿弥陀仏の広大無辺の慈悲が期待されてくるのです。

また仏教が末法の世では衆生は救われない、と説いていることについて、「それはほんとうの仏教か？　仏教の最初へ帰ってみよう」とインドの仏祖釈迦の地に行き、確認したいという人たちも現われました。しかしインドへ行くことは難しいです。そこで日本の仏祖たるべき聖徳太子に会い、その生き方に学ぼうと、聖徳太子に対する信仰が盛んになったのです。それは十一世紀からの天台宗においてでした。ですから天台宗出身の親鸞があつい聖徳太子信仰を持っていたのは当然のことでした。

親鸞は二十年間の修行ののちに比叡山を下りました。そのころには、親鸞は堂僧という役職についていました。従来、親鸞は貴族であるにしても低い身分の出身、堂僧は比叡山の中で最底辺の職だろうと言われてきました。第二次大戦後には、どうしても親鸞の待遇を底辺の状態にしたい雰囲気があったのです。

しかし最近の研究によれば、「堂僧」は底辺どころかかなり高い地位の職だったようです（橋本順正「親鸞伝における『堂僧』の再検討——比叡山常行堂における法華懺法の勤めについて——」『東国真宗』第一六号、二〇二三年）。たしかに、親鸞の養父が後白河法皇の有力な近臣であり、もう一人の伯父の宗業も後鳥羽上皇の「四儒随一（優れた儒学者の中でも第一人者）」（『慕帰絵』）と称された有力者であってみれば、親鸞の最後の職が最底辺のものであったとは信じがたいです。今後の研究成果の進展が期待されるところです。

しかし親鸞はなかなか悟りを得られず、また極楽浄土への往生の確信も得られませんでした。二十年間も修行し勉強して、なぜ救われなかったのでしょうか。むろん、修行者それぞれ理由が考えられますが、親鸞の場合はどうだったのでしょうか。それについて、親鸞が後年の七十六歳の時に書いた『高僧和讃（こうそうわさん）』が興味深いです。『高僧和讃』は、インドの龍樹（りゅうじゅ）から日本の法然に至るまでの七人の僧侶を讃えた和讃です。真宗七高僧（しんしゅうしちこうそう）とされている人たちです。その最初の龍樹を讃える和讃は十首あり、龍樹讃と通称されています。そして、その第九首と第十首が注目されます。文中の「われら（我等）」は、鎌倉時代には「我々（われわれ）」ではなく「我（われ）」を強調する言葉でした。

第九首
一切菩薩（いっさいぼさつ）の　のたまはく
われら因地（いんじ）に　ありしとき
無量劫（むりょうこう）を　へめぐりて
万善諸行（まんぜんしょぎょう）を　修（しゅ）せしかど

第十首
恩愛（おんない）はなはだ　たちがたく

生死(しょうじ)はなはだ　つきがたし
念仏三昧(ねんぶつざんまい)　行(ぎょう)じてぞ
罪障(ざいしょう)を滅(めっ)し　度脱(どだつ)せし

「(第九首)すべての、菩薩が言われることには、『私が悟りを目指して努力している時代、数え切れないほどの年月に、悟りのためには善いとされている無数の行(ぎょう)を修しましたが』」、

「(第十首)「父母兄妹への未練を断ち切れず、どうしても迷いの世界から抜け出すことはできませんでした。そしてとうとう念仏に出会い、ひたすらそれを称えることによって私の悪業(あくごう)を失わせて救いを得ることができました」。

　これは龍樹のことですけれども、親鸞の若いころの苦しさの一端を窺わせるのではないでしょうか。

3 京都六角堂参籠

(1) 比叡山を下りる・伯父宗業の政界での活躍

建仁元年（一二〇一）春、二十九歳の親鸞は決心して比叡山を下り、まず京都・六角堂に百日の予定でお籠もりをしました。恵信尼消息第一通に次のようにあります。

山を出でて、六角堂に百日籠らせたまひて、後世をいのらせたまひけるに、

「（親鸞が）比叡山を下りて、六角堂に百日の予定でお籠もりになって、来世に極楽浄土に往生できるように祈られたところに」。

二十年間の苦しい修行生活ののち、親鸞が何のあてもなく計画もなく、京都の街をふらふらと歩いたとは考えにくいです。六角堂に籠もったのは予定どおりだったのでしょう。

『親鸞伝絵』上巻第二段には、比叡山を下りた時のことを、

建仁第一の暦春のころ〔上人（親鸞）二十九歳〕隠遁のこころざしにひかれて、「建仁元年（一二〇一）春のころ〔親鸞聖人二十九歳〕、天台宗教団を離れて生きることに心惹かれて」とあります。

そして興味深いのはこの「建仁」という元号（年号）は伯父の日野宗業が作ったものだったということです。元号を改める時には、天皇（上皇）が信頼する数人の儒学者たちに命じて新しい元号を考えさせ、その中から天皇（上皇）が選んで決定します。後鳥羽上皇も新しい元号にしようと、儒学者たちに新作を命じました。答申された元号の中から選んだのが宗業の「建仁」でした。上皇が気に入らない儒学者の作を採用するはずはありませんから、このことでも宗業が上皇に気に入られていたことがわかります。

親鸞にも、伯父が作った元号だということはすぐ伝わるでしょう。そしてこの「建仁」はその年の二月十三日から使われ始めました。「二月」は春、仲春です。二十九歳の親鸞は、努力する人であり、自分に学問の基礎を教えてくれた伯父のこの偉業に感銘を受けて、次に進むために決心して比叡山を下りたのではないでしょうか。

⑵　観音信仰の流行

ところで、比叡山を下りた親鸞がまず行なったことは京都・頂法寺六角堂に参籠することでした。六角堂の本尊は救世観世音菩薩です。そして聖徳太子が観音菩薩の生まれ変わりであるという説を取り上げ、親鸞は聖徳太子の導きを得たいがために六角堂に籠もったという見方があります。しかしそれなら比叡山にいるまま太子に祈ればよいのです。山を下りなくてもよいのです。比叡山は、政治家ではなく宗教人としての聖徳太子の総本山のような所ですから。親鸞が参籠したのが六角堂ならば、その理由があるはずです。

当時何かほんとうに困った時には、釈迦如来でもなく阿弥陀如来でもなく、観音菩薩にお願いすればよいという信仰が社会に広まっていました（小山聡子『護法童子信仰の研究』自照社出版、二〇〇三年）。しかも特にその効果があるとして、次の寺々が今様（当時の流行歌）にも歌われていたのです。後白河法皇編集の『梁塵秘抄』に、

観音験を見する寺、清水・石山・長谷のお山、粉河・近江なる彦根山、ま近く見ゆるは六角堂

「本尊の観音菩薩が希望を叶えてくださるお寺には、清水寺・石山寺・長谷寺、粉河寺・近江国彦根山寺があります。そして都のすぐそばに見えるのは六角堂です」とあります。

『梁塵秘抄』には他にも、「験仏（しるしぼとけ）の尊ときは、（中略）都に真近（まぢか）き六角堂（導きをくださる観音菩薩を本尊とするお寺で特に効果があるのは、（中略）都のすぐそばでは六角堂ですよ）」などとする今様が採られています。

京都やその付近の人々でほんとうに困ったことがあった時、その解決をお願いに行くのは六角堂の観音菩薩だったのです。それで親鸞は、「六角堂の観音菩薩」にお願いに行ったのです。

⑶ 六角堂に参籠

参籠とは、神社や寺院に夜を徹してお参りすることです。座ったままのこともありますが、横になることも多いようです。神または仏の導きをいただくためです。その意欲を示すために夕方早くから神社または寺院に入るのですが、実際に神仏が出現して導いてくださるのは暁時（あかつきどき）（中国語風の言い方では寅（とら）の刻（こく））です。「暁」とは、現在では「太陽が昇る直前、東の空が薄赤くなる時」という意味ですが、親鸞のころはそれは曙（あけぼの）なのです。「暁」は曙の前、まだ真っ暗な時間帯のことです。午前三時・四時といったころです（季節により時間帯は異なります）。そしてその時間帯こそ、神仏が出現して導きをくださるのです。

　むろんそう簡単には出現してくれません。ですから人々は出現を願ってひたすら毎日、夕方になると神社の拝殿・寺院の本堂を訪れてお籠もりに入るのです。そして親鸞の場合には観音菩薩の出現が「九十五日のあか月」であった、と恵信尼消息第一通は伝えています。お籠もり九十五日目の、暁だったのです。そして暁は、まだ暗い空に月があかあかと輝いている時間帯だったので「あか月」と表現することもあった、と恵信尼消息は教えてくれています。

　また現代でこそ一日の始まりは夜中の午前零時です。でもこれは明治の初めにヨーロッパの暦を取り入れたのでそうされているにすぎません。それ以前の日本の一日の始まりは、朝、太陽が昇る時でした。したがって、親鸞が観音菩薩の導きを得た「九十五日のあか月」は、現代風に言い直せば「九十六日の朝、まだ真っ暗な時間」ということになります。

⑷ 夢告を受ける

『親鸞伝絵』に、次の文があります。

六角堂の救世菩薩、顔容端厳の聖僧の形を示現して、白衲の袈裟を着服せしめ、広大の白蓮華に端坐して、善信（親鸞）に告命してのたまはく、

「六角堂の救世観音菩薩は、お顔は整っていて威厳があり、白い僧服の上に袈裟をつけられ、尊い僧侶の姿で出現されました。そして白い蓮華の上にきちんと座られ、親鸞に呼びかけて次のように告げられました」。そのお告げとは、次の偈（漢文の詩）とされています。

行者宿報設女犯　　行者、宿報にて女犯すれば
我成玉女身被犯　　我、玉女の身と成りて犯ぜられん
一生之間能荘厳　　一生の間、能く荘厳し
臨終引導生極楽　　臨終には引導して極楽に生ぜしめん

「仏教の修行者であるそなた親鸞が、前世からの因縁によって本来は禁止されている結婚をすることになるならば、

私観音がすばらしい女性となり、そなたと結婚してあげよう。そして、そなたの一生の間、すばらしい生活をさせ、臨終には手を取って極楽へ導いてあげよう」。

　こうして親鸞は自分が将来に極楽往生することができるという確信と安心感を得たのです。しかも、六角堂の救世観音は思いがけず「そなたが結婚すれば幸せに暮らせる」というお告げもくださったのです。

4 法然に入門

⑴ 吉水草庵に法然を訪ねる

六角堂の観音菩薩にお告げをいただいてからのことを、恵信尼消息第一通には次のように書いてあります。文中、「やがて」は、「すぐさま」という意味です。現代の「少し時間をおいて」という意味とは異なります。

やがてそのあか月出でさせたまひて、後世のたすからんずる縁にあひまゐらせんと、たづねまゐらせて、法然上人にあひまゐらせて、

「すぐさま、その暁のまだ真っ暗なうちに六角堂を出られ、来世に極楽往生できる手がかりを与えてくださる人にお会いしたいと吉水草庵(よしみずのそうあん)を訪問し、法然上人にお会いして」。

これも親鸞の当初からの計画でしょう。六角堂の観音菩薩から法然を紹介されて、

という見解もありますが、そのような事実はありません。親鸞は比叡山下山後にどうするか、六角堂参籠と法然を訪ねることを十分に計画していたのでしょう。

また親鸞は法然に会って専修念仏の教えを詳しく説明してもらい、納得して法然の門に入ったという見方もあります。しかし親鸞が勉強家であったことは誰も疑わないでしょう。法然に会う以前には専修念仏を知らなかったことはあり得ません。

法然が専修念仏の道に入ったのは親鸞が誕生してから二年後です。そして法然は親鸞が比叡山に入る数年前から吉水で教えを説き始め、後白河法皇や九条兼実、後鳥羽天皇の中宮九条任子らにも親しく教えを授けていたのです。それを親鸞が知らないはずはありません。でも、すべての修行をこなすことによって悟りを得ようとする天台宗と、念仏を称えて阿弥陀仏の極楽浄土へ迎えてもらおうという法然の教えとでは、百八十度も異なると言ってよいです。理屈ではわかっても、実際に自分が専修念仏の道に入れるかというと、それはとてもむずかしいでしょう。

他方、鎌倉時代に描かれた京都府・知恩院所蔵の「月影の御影」（法然画像）や茨城県・無量寿寺蔵『拾遺古徳伝絵』中の法然像を見ると、自分から積極的に念仏を称えようというのではなく、まず「どのような悩みがあるの？　言ってごらん」とやさしく話しかけている印象を受けます。おおらかな、慈悲深い顔です。人間、いくら理屈で説得されても、なかなかその場で動かされるものではありません。しかし自分を無条件で受け入れてくれそうな、しかも悩んでいる自分を導いてくれそうな人格の人はすぐわかるものです。親鸞は法然の人格に惹きつけられて、この人の説く専修念仏なら間違いないだろうと感じたのではないでしょうか。

⑵ 吉水草庵での学び

法然は、長承(ちょうしょう)二年（一一三三）、美作国(みまさかのくに)（岡山県）の武士である漆間時国(うるまのときくに)の子として生まれました。ところが九歳の時、父は近くの武士の夜襲にあって亡くなりました。そのため、付近の菩提寺(ぼだいじ)にいた母方の叔父観覚(かんがく)に引き取られました。

十三歳の時、法然は比叡山に登って修行を始めました。さらに十八歳で山中の西側にある黒谷別所(くろだにべっしょ)に移り、念仏や正しい系譜を受けているとする戒律を学びました。そして末法の世で、自分を含めた凡夫(ぼんぶ)（愚かで無智、煩悩に惑わされていて悟りを得ることができない者）が救われる道を求め続けました。

やがて法然は恵心僧都源信(えしんそうずげんしん)の『往生要集(おうじょうようしゅう)』に多大の関心を寄せ、この書物に引用されている善導の『往生礼讃』の文章に惹かれて、善導の思想を深く探るようになりました。その中で、『観無量寿経疏（観経疏）』「散善義」の次の文に出会い、

一心にもっぱら弥陀の名号を念じて、行住坐臥時節の久近を問はず、念々に捨てざるもの、これを正定の業と名づく、かの仏の願に順ずるがゆゑに。

（『選択本願念仏集』）

「気を散らさずにただひたすら『南無阿弥陀仏』と称え、歩いている時も、立ち止まっている時も、座っている時も、横になっている時も、一瞬一瞬も称えるのを止めません。これを『正定の業（極楽往生が正しく定まる行ない）』と名付けます。阿弥陀仏のすべての衆生を救いたいという願いに相応していますので」、法然はこれこそすべての凡夫が救われる道だと確信し、「たちどころに余行を捨て、ここに念仏に帰す（すぐさま他の修行方法を捨て、念仏だけを選びました）」。それは承安五年（一一七五）のことでした。

親鸞は吉水草庵において、法然の講義を聴きながら専修念仏の理論と、それを補強確立すべき経文等の勉学に励んだのです。

⑶ 念仏の信心と回数

親鸞が吉水草庵で学びの生活を送ったのは、二十九歳から三十五歳までのことでした。『親鸞伝絵』上巻第六段には、その間、親鸞に関する二つの大きなできごとがあったと記しています。その第一は、信不退（しんふたい）・行不退（ぎょうふたい）の論争といわれるできごとです。

ある時親鸞は法然の了承を得て、三百人余りの門弟が集まった集会で、「会場を『信不退』の席と『行不退』の席とに分けますから、それぞれどちらに入るかお示しください」と声をかけたのです。

「信不退」とは「阿弥陀仏の救いを信じる心に極楽浄土往生が決定する」という立場で、「行不退」とは、「念仏の行を数多く励めば、その功徳によって極楽浄土往生が決定する」という立場です。

親鸞がこのように声をかけると、

　三百余人の門侶みなその意（こころ）を得ざる気あり。

「三百人あまりの門弟たちが、みんなどちらにしたらよいか、よくわからなかった」というのです。

　それでも聖覚と信空、それから法力（熊谷直実入道）が信不退の座に入りました。でもそれ以上の者はいませんでした。『親鸞伝絵』は、

　これおそらくは自力の迷心に拘はりて、金剛の真信に昏きがいたすところか。

「これは、恐らく、自力の心で迷って、ほんとうに固い信の心がわからなくなってしまったからでしょうか」と結んでいます。

念仏は一回でいいのか、何回も称えなければいけないのか、という問題にも広がっていきます。

　さらにその後、門弟たちは無言なので、親鸞は「信不退」に入りました。そして、

　ややしばらくありて大師聖人（源空）仰せられてのたまはく、「源空も信不退の座につらなりはんべるべし」と。そのとき門葉、あるいは屈敬の気をあらはし、あるいは鬱悔の色をふくめり。

「少し経ってから、法然聖人が仰ることには『私も信不退の座に入ろう』ということでした。それを聞いた門弟たちは、膝を曲げて敬礼して確かにそのとおりですという様子を示し、あるいは自分も信不退の席に入ればよかったという後悔の念、さらにはまだ若い親鸞に恥をかかされたという気色も示しました」と『親鸞伝絵』にはありま

す。

ただ「鬱悔」については、このころすでに天台宗その他から法然門下の専修念仏者たちは敵視されつつあるので、一丸となり団結していかなければいけないのに、若い親鸞が門弟を二つに分けるようなことをしてしまったことを苦々しく思った門弟たちもいたことを示している、という見解もあります。

第二は、親鸞が「自分の信心も法然聖人の信心も同じです」と言ったことに対し、「あの立派な法然聖人の信心と、まだ若手の親鸞君の信心とが同じはずがない」と仲間が咎めたということです。しかし親鸞は、「同じく阿弥陀仏から頂いたものですから同じです」と言い、法然も親鸞の意見に賛成した、というできごとです。

この二つのできごとは、入門してまだ日が浅い親鸞が声高に主張できるはずはないだろう、親鸞の念仏の考え方を主張するために覚如が創作した話だろうという意見もあります。

(4) 法然の念仏と貴族たち

平安時代後期から鎌倉時代にかけての天台宗では、「朝題目・夕念仏」という言葉がはやっていました。朝、目が覚めたら『法華経』の題目を唱えてその日の幸せを祈り、夜、寝る前には念仏を称えて極楽往生を祈る、という主旨です。貴族たちもそれを実行していました。ですから「南無阿弥陀仏」と称える念仏は貴族たちの間にもごく普通に広まっていたのです。ただし、『法華経』の題目が何と唱えられていたかを示す史料は平安時代にはありません。なんと「南無妙法蓮華経」というよく知られた題目は、鎌倉時代中期に、日蓮が唱えたと日蓮自身が書き残しているのがもっとも古い歴史史料なのです。

さらに言えば、これも平安時代から貴族の間で普通に使われた「称名念仏(しょうみょうねんぶつ)」という言葉は、単に「念仏を称える」ということではなく、「高僧たちが称えるありがたい念仏を聞きに行く」という意味だったのです（梯 信暁(かけはしのぶあき)「源信『往生要集』の菩提心論」『現代と親鸞』第四五号、二〇二一年）。むろん、その時には高僧たちのそばで貴族たちの口も動いていたことでしょう。

また法然が後白河法皇や九条兼実らの貴族たちに招かれることが多かったということは前述しました。なぜ彼らは法然を招いたのでしょうか。それは九条兼実の日記『玉葉』によれば、法然が厳しく戒律を守った上で念仏を称えているからでした。法然に期待された念仏は病気治療のためでした。兼実とその妻兼子（かねこ）、息子の良通（よしみち）と良経（よしつね）は病弱でした。

兼実は家族が病気になると法然を招き、授戒（じゅかい）してもらい、念仏を称えてもらいました。それが終わると同じく招いてあった別の僧侶に病気治療の呪文を唱え祈祷をしてもらうのです。そのことが何度も『玉葉』に書かれています。「授戒」は釈迦の弟子になることで、それによって病気回復等の効果が期待できるとされていました。

たしかに親鸞は一生の間法然を慕い、尊敬していました。しかし結果的にですけれども、戒律重視・病気治療の効果が期待できる法然の念仏と、信心と報謝の親鸞の念仏とは異なっていたのです。『親鸞伝絵』を著わした覚如は、その時まだ二十六歳でした。親鸞の念仏思想を世に示したいとの理想に燃えていました。「信不退」・「行不退」と「法然と親鸞の信心は同じ」の挿話を記したのは、その理想の表われではなかったでしょうか。

5 恵信尼との出会い

(1) 出会い――吉水草庵にて

吉水草庵において、親鸞の一生に関わる重要なできごとがもう一つありました。それは将来に妻となる恵信尼との出会いと結婚です。

従来、親鸞は京都で貴族の娘の恵信尼と結婚したという説とともに、三十五歳で流された越後国で豪族の娘の恵信尼と結婚したというのもかなり有力な説として広まっていました。しかし、やはり親鸞は京都で恵信尼と知り合ったのです。

前掲の恵信尼消息第一通に、親鸞が六角堂に参籠して観音菩薩からの導きを受けたという話がありました。前掲部分と少し重なりますが、必要な文章を以下に引用します。これは親鸞を主語にした文章です。筆者が文中に挿入した記号【】内と同じく記号★　★内の言葉にご注目ください。

（親鸞は）山を出でて、六角堂に百日籠らせたまひて、後世をいのらせたまひ【ける】に、（中略）示現にあづからせたまひて候ひ【けれ】ば、（中略）法然上人にあひまゐらせて、また六角堂に百日籠らせたまひて候ひ【ける】やうに、また百か日、降るにも照るにも、いかなるたいふにも、まゐりてあり★し★に、

注：「たいふ」の「ふ」は草書体で書かれており、従来は「だい事（大事）」と読み取ってきましたが、近年では「たいふ（大風）」と読み取ることが有力になっています。

「親鸞は比叡山を下りて、六角堂に百日お籠りになって、来世の極楽往生を願われましたところ、（中略）観音菩薩が出現され導きをくださいましたので、（中略）法然にお会いになって、また六角堂に百日お籠りになったように、また百日、雨が降ろうが日照りが続こうが、どんな大風が吹こうが法然のもとに通われていましたが」。

ところで現代の日本語では、自分のことであろうが他人のことであろうが、過去のことを表わす言葉は、同じように「〜ました」「〜でした」等として使います。たとえば「私は昨日、学校へ行きました」とか、「彼は昨日、学校へ行きました」です。そして、彼が学校へ行くのを私が見ていても、いなくても、「行きました」と表現し

ます。

ところが親鸞・恵信尼のころは、過去のことで自分の体験に関わることと、同じく過去のことで他人の体験（その中に自分は入っていません）に関わることでは、使う言葉が違っていたのです。

自分の体験でしたら「き」（記号★　★内）を使います（これは助動詞で、「き（終止形）・し（連体形）・しか（已然形）」と変化します）。他人の体験でしたら、「けり」（記号【　】内）を使います（これも助動詞で、「けり（終止形）・ける（連体形）・けれ（已然形）」と変化します）。

この助動詞の使い方を承知した上で、前掲の恵信尼消息を読み直すと、親鸞が六角堂で観音菩薩から導きをいただくまでは「ける」と「けれ」、すなわち他人の過去の体験を示す言葉を使っています。これらのできごとを恵信尼は見ておらず、あとから「こんなことがあったんだよ」と親鸞から聞いたに違いないのです。

ところが、次に親鸞が吉水の法然のもとに百日通ったという場面になると、恵信尼は「し」すなわち自分の体験を示す言葉を使っています。すなわち、恵信尼は親鸞が法然のもとに通う姿を見ていたということになります（拙著『親鸞聖人とともに歩んだ恵信尼さま』自照社出版、二〇一六年）。では、それから二人はどうなったでしょうか。

⑵ 恵信尼の出身の三善家

ところで恵信尼の出身である三善家は、親鸞の場合とほぼ同じ、学問の家柄であり、身分の低い貴族でした。次に関係系図とそれぞれの人たちの社会的活動を記します。

三善為長――為康――康光――康信
　　　　　　　　　├行康
　　　　　　　　　└為教――恵信尼

為長：算博士、越後介その他の国司

為康：越中国出身、為長の門弟・養子（後継者）、算博士、越後介その他の国司、往生伝の研究者、黒谷の念仏者と親しい

為教：越後介、九条兼実の家司

康信：後白河法皇の五位の出納（蔵人所）、源頼朝の鎌倉幕府の問注所執事

当時はほぼ同じ身分の者同士で結婚します。三善家は算学を家学とし、算博士にな

ることを目指す家柄でした。専門は異なりますが、文章博士をめざす親鸞の日野家とほぼ同じ身分です。また諸国の国司（こくし）に任命される家柄でもあります。これも日野家と同じです。

恵信尼の祖父（血筋は続いていません。越中国（えっちゅうのくに）〈富山県〉出身）にあたる為康（ためやす）は子どものころから学問がよくできて、少年の日に、たまたま越後介（えちごのすけ）としての任地から帰る算学者の三善為長（みよしのためなが）を知って憧（あこが）れ、やがて京都へ上って為長に入門しました。為長は為康があまりに優れていることを知り、実子（じっし）を押しのけて為康を後継者にしました。ただやはり地方出身者であったことがマイナスに働いたのでしょう、為康が算博士になれたのはもう六十歳近くになってからでした。

為康の孫の一人である従五位下の康信（やすのぶ）は後白河法皇の信任を得て、「五位（ごい）の出納（すいとう）」と呼ばれる役につきました。これは法皇の秘書官長（ひしょかんちょう）である蔵人頭（くろうどのとう）の下にいて、法皇や蔵人頭の指令のもとに諸貴族・官僚のもとを走り回り、法皇の政策を実現する五位の者の役職でした。そして鎌倉で源頼朝が勢力を伸ばし始めると、法皇は康信を現職のままで鎌倉に送り込みました。頼朝にも実力を信頼された康信は、やがて作られた幕府の三つの重要役所の一つ問注所（もんちゅうじょ）（主に御家人（ごけにん）たちの領地に関する裁判を扱う）の長官（執事）に任命されています。

(3) 三善為康と比叡山の黒谷

三善為康は念仏にも強い関心を持ち、比叡山黒谷の念仏者たちとも親しくなりました。そして彼らの協力のもとに念仏者の伝記集『拾遺往生伝』・『後拾遺往生伝』を執筆しています。また為康は朝廷の事務官僚の仕事の便宜のために、各種の書類を集め、体系付けてまとめました（『懐中歴』全十巻）。それがあまりに膨大なので、簡略化した冊子も作りました（『掌中歴』全二巻）。事務官僚たちは大いに助かり、鎌倉時代になると幕府でも重宝され、室町時代でも同じだったといいます。現代では失われて残っていません。

為康は若いころは観音信仰、晩年には阿弥陀信仰に熱心でした。『本朝新修往生伝』「算博士三善為康」の項に、次のようにあります。

保延五年六月三日、身に病患有り、起居すること能ず。左右に語りて云う。来る八月終焉の期也。近きに在り。宜しく善行を修すべく、念仏の外、他事すること能ず。猶子行康、相勧て云う。出家持戒は法器に協うべきか、如何。答え

　て云う。往生極楽は信心に在り。必ずの出家するべからず。念仏の功(く)積りて畢(ひっ)命(みょう)を期と為さば、十即十生(じっそくじっしょう) 百即百 生(ひゃくそくひゃくしょう)なり。

「保延五年（一一三九）六月三日、為康は病気になり、起き上がることができなくなりました。そこで周囲の者に、『今度の八月は私の臨終だ。遠い先ではない。極楽往生のための善い行をしなければならないから、念仏の他には何もできないぞ』と言いました。そこへ猶子の行康が『出家して受戒(じゅかい)すれば極楽往生の資格ができると思いますが、いかがでしょうか』と勧めました。すると為康は、『極楽往生するためには信心が必要なのだ。出家しなければならないということはない。念仏の功徳が積もり積もって一生が終われば、十人であっても十人全員が、百人であっても百人全員が極楽往生できるよ』と答えたのです」。

　為康の念仏観は、まさに親鸞の信心に基づく念仏観とそっくりな部分があったということでしょう。このような念仏の空気は、子孫に受け継がれることが多いものです。為教(ためのり)や恵信尼にも伝わっていたのではないでしょうか。

　法然は黒谷出身で、九条兼実と親しい交際をしていました。兼実に法然を紹介したのは、九条家の家司為教の可能性もあると筆者（今井）は考えています。兼実の日記

『玉葉』に、兼実が三善為則の越後介を解任したと出てきます。この「為則」は為教であろうと推測されています。兼実が為則を「解任した」と書けるのは自分の家司であり、家来分であるからです。そこで為教は兼実の家司として働いていたと推測できるのです。また後述するように、為教の娘恵信尼が、兼実の娘任子に仕えていたであろうとも推測できるのです。

為教は法然の教えを受けていたのでしょう。それに貴族の娘の恵信尼が単独で吉水草庵に通うことはなく、必ず父や母など家族と一緒だったはずです。その信仰生活の中で親鸞と出会ったのです。つまり恵信尼は親鸞より先に法然の教えを受けていたということです。

⑷ 二人で法然の教えを受ける

さて吉水草庵で出会った親鸞と恵信尼はその後どうなったでしょうか。前掲恵信尼消息第一通で引用した部分の続きに、次のように記されています。やはり主語は親鸞です。★ ★内は、前述したように、自分の過去の経験を示す助動詞です。

ただ後世のことは、よき人にもあしきにも、おなじやうに、生死出づべき道を

　ば、ただ一すぢに仰せられ候ひ★し★を、うけたまはりさだめて候ひ★しか★ば、

「親鸞は、法然から、来世の極楽浄土往生については、善人であっても悪人であっても同様に念仏を称えるだけであると、それのみを説かれたのを、『確かにそのとおりだと心に確信されたので』」。

　この文は親鸞が自分の過去のこととして語っている形式をとっていながら、★し★・★しか★を使っていることにより、文章を書いている恵信尼が自分の経験を語っている形式にもなっています。すなわち、親鸞が法然から何度もお話を聴いている時も、「確かにそのとおり!」と確信した時も、そのそばには恵信尼がいたということになるのです。

　このような雰囲気の中で、やがて親鸞と恵信尼との結婚が成立したのです。

越後時代

6 越後流罪――念仏そのものの弾圧ではない

(1) 七箇条制誡

人間の世界では、新しい勢力が出てくると必ずといっていいくらい既成勢力が反発します。仏教教団でも例外ではなく、法然の専修念仏の集団もその対象になりました。文治二年（一一八六）、法然は天台宗の学僧顕真（けんしん）に大原（おおはら）に呼ばれ、諸宗の僧侶たちと討論会をさせられたのがその最初です。しかしこの時は諸宗側が専修念仏の理論に納得し、天台宗内でも公に認められました。顕真はまもなく天台座主（てんだいざす）になった政治家でもありました。

しかし専修念仏の勢力はさらに増加し、その念仏者たちは社会の治安を乱す動きをするようになりました。そこで天台宗では法然に対し、その動きを自制するように促しました。それを受け、法然は七種類の事柄に気をつけるように門弟たちに約束させました。それが元久元年（一二〇四）の『七箇条制誡』でした。七種類の事柄とは次の内容です。

一、経典などまったく学んでいないのに、真言宗・天台宗を非難し、阿弥陀仏以外の仏菩薩の悪口を言う。
二、無知なくせに念仏以外の修行者に議論を吹きかける。
三、念仏以外の修行をしている僧に、それを捨てろとあざ笑う。
四、念仏門では戒律はないと主張し、どんどん悪いことを行なえと勧める。
五、優れた僧侶たちの説と称して勝手なことを言い、知識のない人を迷わせる。
六、おもしろおかしく話を作り、邪法も説き、無知な俗人や僧侶を迷わせる。
七、邪法を説き、これは師匠法然の教えであると号する。

この時三十二歳の親鸞も「僧綽空」と名乗り、他の門弟たちと署名しています。

(2) 承元の法難

承元元年（建永二、一二〇七）二月上旬、親鸞は後鳥羽上皇によって越後国に流されました。承元（建永）の法難です。この年一月、上皇は紀伊国の熊野神社詣でに出かけました。ところが皇居に帰ってくると、女官二人が法然の門弟たちの念仏の会に参加し、感動のあまり、この俗世間にいても何の甲斐もない、仏道に生きようと出家していたのです。怒った上皇は、法然の門弟四人を死刑にし、他の門弟たち七人と指導者としての責任を取らされた法然合わせて八人、流刑にしてしまいました。その中に親鸞も入っていました。

「本人たちが出家したいというので出家させてあげたことのどこが悪い、これは念仏弾圧だ、親鸞聖人も『教行信証』の中でそのように憤慨しておられる」。この事件は、このように伝えられてきました。

しかし上皇や貴族たちは念仏そのものを否定・弾圧してはいません。そんなことをしたらその貴族の来世は極楽ではなく、地獄でしょう。専修念仏を非難していたのは、教義上おかしいとする既成仏教の学僧たちです。でも朝廷、さらには鎌倉幕府が念仏を禁止し弾圧したことはないのです。

後鳥羽上皇が憤慨したのは、女官二人が自分に無断で出家してしまったことです。二人は上皇の愛人だったのでしょう（その女性たちの名が松虫・鈴虫であったというのは、江戸時代最末期から明治時代初期になって初めて世の中に現れた説です）。愛人たちが自分に無断で出家してしまったことを恨み、出家させた者たちを激しく怒ったのです。

　このことについて親鸞は『教行信証』化身土巻に次のよう述べています。文中、「主上」とは後鳥羽上皇のことです。また文中の「法に背き」は、従来は「仏法に背いて」と解釈されてきました。しかし上皇が従うべきは朝廷の法律です。「仏法」に対応させるならば、上皇は、当時の言葉で言えば「王法」に従うべきなのです。「義」は人間として生き方です。

> 主上臣下、法に背き義に違し、忿りを成し怨みを結ぶ。これによりて、真宗興隆の大祖源空法師ならびに門徒数輩、罪科を考へず、猥りがはしく死罪に坐す。あるひは僧儀を改めて姓名を賜うて遠流に処す。予はその一つなり。

「後鳥羽上皇や臣下の貴族は、朝廷の規則に背き、人間としての生き方からもはずれ、女官たちを出家させた者たちを怒り、出家した女官たちを恨みました。これが原因で、真宗を盛んにした大師匠の法然様と数人の門弟たちを、刑罰の程度も検討せず、乱暴にも死刑にし、あるいは還俗させて姓名を与え、遠くに流してしまいました。私はその一人です」。

親鸞が言う「法に背き」とは何でしょうか。悪いことをした者を刑罰に処すことに値すると上皇（天皇）が判断した時、それに詳しい儒学者たちに「どの程度の刑罰がよいか検討せよ」と諮問します。諮問を受けた人たちは検討し、その結果を上皇（天皇）に答申します。それが朝廷の規則であり「法」です。親鸞は後鳥羽上皇がその手続きを踏まなかったと憤慨しているのです（『六十七歳の親鸞――後鳥羽上皇批判――』自照社出版、二〇一九年）。

しかし後年、関東での念仏布教が成功のうちに終わってからでしょう、親鸞は次のような感想を漏らしています。『親鸞伝絵』上巻第三段に、

> 大師聖人〔源空〕もし流刑に処せられたまはずは、われまた配所におもむかんや。もしわれ配所におもむかずんば、なにによりてか辺鄙の群類を化せん。これなほ師教の恩致なり。

「法然聖人が流刑にならなければ、私が越後に流されることがあったでしょうか。もし私が越後に行かなければ、どのようにして地方の人たちに念仏を伝えることができたでしょうか。伝えることができたのは、これも法然聖人に指導していただいたご恩の結果なのです」。

親鸞はいろいろと苦労をした上で、「越後に流されてよかったのだ」と流罪を前向きに捉えることができるようになっていたのです。

⑶ 流刑地はなぜ越後だったのか

親鸞の流刑地はなぜ越後だったのでしょうか。朝廷で流罪と決めた者は、もっとも罪の重い者は遠流（おんる）、軽い者は近流（きんる）、その中間は中流（ちゅうる）の国に流すことになっていました。その観点から見れば、『教行信証』には「遠流」とあるのに、越後国は中流の国であることが合点がいかない、という説が出たこともあります。また近年に青森県で発見された江戸時代の史料をもとにして、流されたのは遠流の国の佐渡国（さどのくに）だったのではないか、という説を発表した人もいました。でも、あまりに唐突で、支持されていません。

実際のところ、奈良時代に遠流・中流・近流の国が決められたことは確かですが、平安時代から鎌倉時代にはほとんど無視されていました。加えて、「流罪」の意味するところが奈良時代、あるいは現代人の意識と異なっていました。政治的争いで勝った人物が敗れた人物に対し、「地方へ行って少し頭を冷やしてこい」というのが流罪となっていました。そして四、五年したら京都に戻すことになっていたのです。しかももとの地位に戻すことまでしていたのです。犯罪を犯した者に対する処分ではなくなっていました。

それに四、五年経ったら戻すのですから、流刑地では安全に暮らさせる必要があります。そのために流される者に「どこに流してほしいか」と尋ねたのです。一族が住んでいる所とか、領地がある所とか。したがって、親鸞さらには親鸞の家族にも朝廷の刑罰関係者から「どの国がいいですか」と質問があったはずです。

このような状況の中で、親鸞の妻恵信尼の三善氏にゆかりの深い越後国が選ばれたのでしょう。恵信尼の曽祖父為長・祖父為康・父為教、いずれも越後介を経験しています。ということは、越後国に知り合いがいたり、領地があることが十分に考えられるのです。

ところで、親鸞が流刑地に向かう前の月の一月、親鸞の伯父の日野宗業が越後権介に任じられていることも注目されます。「権介」というのは、すでに「介」がいるのに、もう一人任命する場合にそのようにいうのです。朝廷の官職では時々そのようなことがあります。これを「権官」といいます。実際には仕事をしなくてもよいのです。ただ、国司でしたら現地では普通の国司と同様に尊重されます。

日野宗業が偶然、越後権介になれたので、越後で親鸞の生活を助けることができたと言われてきました。しかしそうではないのです。朝廷の人事は奈良時代から明治時代の初めまで、人事はすべて適材適所ではなく、賄賂（カネ）と縁故（コネ）で決まっていました。

甥親鸞が流罪になると知った宗業は、為教と相談して「越後国に流してもらおう」と相談が決まり、親しく仕えている後鳥羽上皇に「親鸞を越後国に流してください。あわせて、面倒をみてやりたいので自分を越後の国司に任命してください」と頼んだに違いないのです。事情を知った上皇は、お気に入りの近臣でもありますし、宗業を越後権介に任命してやった、ということです。

こうして親鸞は越後に流されることになりました。また恵信尼も親鸞に同行しました。当時の結婚は夫の通い婚ですし、女性は生まれた家を動かないことが原則でした。ですから夫が地方に関わるどのような官職に任命されても、現地に赴くのは夫だけでした。ただ、地方の国司に任命された者の妻は、夫に同行して国司四年間の任期が無事終わるように助けるのが普通でした。国司を出す家柄でもある三善家あるいは日野家の生活感覚から、恵信尼は親鸞に付いて越後へ行こうと決心したのではないでしょうか。

⑷ 越後への道──領送使が安全に送る

親鸞は旧暦の承元元年（一二〇七）二月上旬に流されました。かりにそれを二月一日とすると、西暦では三月一日にあたります。京都から琵琶湖（びわこ）を船で渡ったとしても、越前国（えちぜんのくに）・越中国・越後国と旅をするのは大変だろう、雪の降る日も多いだろう、越中から越後の境にある親知らず子知らずの難所を越えるのは大変だろう、と従来は思われてきました。

しかし親鸞は京都から越後国府（こくふ）に行く道筋を知っていたでしょうか。雪が降ったら、雨が降ったら、どこに泊まるのでしょうか。食事はどのように調達するのでしょうか。道路脇の農家などに「ご飯ください」と頼むのでしょうか。見知らぬ怪しげな者に、くれるでしょうか。従来の研究史では、このようなことは無視されてきました。でも重要なことです。

けれど心配いりません。流人（るにん）には領送使（りょうそうし）と呼ぶ朝廷の役人（複数）が付いてきたのです。というより、役人が目的地の国府まで安全に送り届けることになっていたのです。それが領送使です。夜の泊まる所も、食事も、安全も、もちろん目的地までの道筋も、全部領送使が差配してくれたのです。逆に、もし流人が親知らず子知らずの難所で転げ落ちて亡くなりでもしたら、それは領送使の落ち度になり、帰京してから罰せられることになります。ですから親知らず子知らずの難所など通るはずはないのです。

こうして親鸞と恵信尼は無事に越後国府に到着しました。現在の新潟県上越市です。

7　越後の生活──布教方法の模索

(1) 国府付近での生活

親鸞と恵信尼が越後国でどこに住んだかはわかっていません。しかし伯父が現職の越後権介であるからには、国府付近に住んだ可能性がとても大きいことは事実でしょう。ところが、新潟県の日本海側は日本海の荒波に揉まれ削られて、岸がしだいに後退していっているのです。鎌倉時代からは二、三百メートルも後退していると言われています。そのこともあって、越後国の国府はどこであったか、さらにはその付近に存在していたと推定される国分寺や国分尼寺の本来の位置も不明なのです。

親鸞が京都から越後国に行った時、最後は越中国から越後国に入り、親知らず子知らずの難所を越え、現在の糸魚川（いといがわし）市付近で船に乗って国府近くの海岸に上陸したとされてきました。現在、ここが親鸞上陸地だとする記念碑が上越市の海岸近くに建っています。

でも糸魚川市から上陸記念碑まではわずか四十キロあるかないかの近い距離です。なんでわざわざ船に乗るんだ、という感想が生まれます。そしてこの説は、鎌倉時代からあるのではなく、江戸時代最末期に書かれた本に出ているにしか過ぎないのです。歴史的事実であったとするのは無理でしょう。

ところで親鸞も恵信尼も貴族の出身です。貴族は他人に見られる労働はしないことになっていました。たとえば、女性でしたら炊事（すいじ）・洗濯（せんたく）・掃除（そうじ）などについての教育は一切受けていませんし、したがってできません。さらに育児もできませんし、その教育も受けていません。これらは身分の低い使用人のすることでした。男性の親鸞も同様です。ですから、二人だけで日常生活を行なうのは無理でした。日野宗業あるいは三善為教が関係者に指示して侍女・下男等を準備し、手はずを整えておいたに違いありません。

また、よく、親鸞は現地で食物を得たり生活費を得たりしなければならないので、田植えの時期には額に汗をかき、泥を付けて働いたと言われてきました。しかし田植えや農作業はそう簡単なものではありません。貴族出身・僧侶出身の親鸞にそんなことができないのは役人たちも十分にわかっています。実は親鸞は生活のための労働はしなくてよかったのです。流人には農民付きの田圃や畑が与えられたのです。働くのは農民で、彼らはそこでの収穫物を親鸞に差し上げるのです。では農民が大変かというと、そうでもなくて、今まではそこでの収穫物は国府に渡していただけですから、まったく問題はないのです。

このように経済生活は保障されている中で、今までの吉水草庵での生活と同様、いわば消費生活の中で念仏の学びを深めていきました（拙稿『上越市史　通史編2　中世』「特論　越後の親鸞と恵信尼」上越市、二〇〇四年）。

(2)　生産生活の中で信心の念仏は受け入れてもらえるか

国府やその付近には寺院がいくつもあり、僧侶たちも多かったと推定されます。しかし親鸞が学んでいた専修念仏説は時代の最先端を行く思想ですし、理解してもらうのは大変だったでしょう。

他方、親鸞の周囲の人たちは農民と彼らを支配する武士たちでした。その人々に親鸞の説く信心と報謝の念仏は受け入れられたでしょうか。彼らの周囲には神道（しんとう）や仏教、さらには山岳信仰と真言宗とが一体化したとされる修験道（しゅげんどう）も盛んだったことでしょう。それらは祈祷などにより病気を治し、安産をさせ、畑の虫を追い払うといったことが主な目的の宗教でした。ですから念仏を称える目的は、たとえば目の前にいる病人の病気を治すことだったのです。親鸞の説く念仏は、すぐさま病気が治ることを目的とはしてはいません。それに彼らは仲間から孤立して生きているのではなく、集団の中で農作業等で協力し合いながら生きています。一人だけ勝手に親鸞の教えに従うわけにはいきません。

しかし親鸞の師匠である法然の専修念仏は、すべての人を救うための教えとして法然が確立したものです。そして考えてみれば、親鸞が吉水草庵で学んだのは、その理論でした。親鸞にすれば食事や住む所などは誰かに整えてもらい、その消費生活の上での学びでした。

ところが法然の意向に従うならば、すべての人々、つまりは生産生活をしている人々に念仏を受け入れてもらわなければなりません。そこで決心した親鸞は、まず、武士に布教の焦点を当てて念仏を説くことにしたのです。

(3) 誰が社会を動かしていたのか──武士

浄土真宗の歴史では、親鸞は庶民の味方、庶民とは農民のこと、そして農民は支配者である武士に生産物の大半を奪い取られて酷い目にあっていた、その状況を改善するために農民は武士と戦っていた、と説明されてきました。

しかし農民が武器をとって武士と戦ったというのは戦国時代のことです。平安時代から鎌倉時代の、少なくとも東国ではそのようなことはありません。武士は農民を率い、農業の指導をしながら、また農民間の揉めごとの仲裁をしながら生活をしていたのです。

やがて京都の貴族たちの支配力の弱体化に反比例する形で、全国的に武士の勢力が発展していきました。そして保元の乱・平治の乱、五年間にわたる源平の騒乱、木曽義仲の滅亡、奥州藤原氏の滅亡等、多くの戦乱が日本中を覆いました。そしてそれを鎮める政治力・軍事力はもう朝廷の貴族たちにはありませんでした。この間に新興の武士の政府である鎌倉幕府が成立し、貴族の政府である朝廷を圧倒していたのです。

⑷ 悪人正機説

では時代の先端を行き、社会を導く武士に悩みはなかったでしょうか。もちろんそんなはずはなく、従来からの各種の宗教に導きを求めることは多かったでしょう。では武士にとってとても苦しいけれども、従来の信仰ではなかなか救ってもらえないことがあったでしょうか。それは人殺しです。人を殺せば、未来永劫地獄に堕ちるという思想は、もともとは日本にはありませんでした。

しかし武士は戦争に行かなければいけません。また自宅にいても、敵が領地を奪おうと襲ってきたら、戦い、殺しもしなければなりません。自分の意思とは無関係に人殺しをしなければならない機会がぐっと増えました。

仏教が日本にもたらされ、平安時代後期に全国に広まると、「堕地獄（だじごく）の恐怖」も、主に武士の間に広まりつつあったのです。

『平家物語』巻第九「一の谷」に、熊谷直実が一の谷の戦いののちに平家の若者平（たいらの）敦盛（あつもり）を討った話が載っています。その日、海岸で沖合に追い払われた平家の軍船を目掛け、馬に乗って逃げていく立派な武装の武士を見つけた直実は、「返せ、返せ」と呼びかけ、戻ってきた武士をたちまち組み伏せ、首を取ろうとします。

ところが武士の顔をよく見ると、まだずいぶん若いのです。それで、この若者一人を討たなくても今日の戦いは源氏方が勝つだろう、私は息子十六歳の直家（なおいえ）が昨日の戦いで怪我をし、ずいぶん心配した。この若者の父も、息子が討たれたと聞いたらさぞや嘆くだろうと思い、「名をお名乗りください。お助けします」と言ったところ、「いいから殺せ、私の名はいずれわかるだろう」と言うばかりでした。そこへ源氏方の騎馬武者たちが走り寄ってきたので、ここで討たなくとも殺されてしまうだろう。「あなたの後生（ごしょう）は弔います」と、とうとう首を取ったといいます。

やがてこの若者は十七歳の平敦盛と知り、きっと父の平経盛（たいらのつねもり）は嘆くだろうと思いつつ、敦盛の首その他の遺品に手紙を添え、沖合に停泊している平家の船に乗っているであろう経盛に送り届けたのです。

敦盛が来ないので心配していた経盛は、「やはり」と気を落としました。しかし丁寧に扱ってくれた直実に感謝の手紙を送ったといいます。

この時の直実の手紙に、「直実たまたま生を弓馬の家に受け（私は、偶然にも武士の家に生まれ）」とあります。つまり、人殺しは自分の意思ではないというのです。でも仏教では人殺しは堕地獄の悪行（あくぎょう）とされています。この悪行を犯してしまったら、自分でどのように善行を行なっても、極楽往生はできないのです。ではどうしたらよいのか。そこに立ち現われたのが阿弥陀仏に関する悪人正機説（あくにんしょうきせつ）でした。

悪人正機説は、『歎異抄』第三条に、

善人なほもつて往生をとぐ、いはんや悪人をや。

「善人だって極楽往生できるのですから、どうして悪人が極楽往生できないことがありましょうか」とあります。

『歎異抄』に「善人」とあるのは、自分で善行を積んで悟りを得ようという人のことです。「悪人」とは自分ではどうしても自分を救うことができない、そのことを自覚している人のことです。だから阿弥陀仏にお願いするしかないとしているその悪人こそ、阿弥陀仏が真っ先に救い取ろうとしている対象である、というのです。

悪人正機説はとても長い間、親鸞の専売特許として、浄土真宗に独特の思想であるとして知られてきました。一方では親鸞以前からあるという見解もありましたが、それは強いものではありませんでした。しかし末木文美士氏が『日本仏教思想史論考』（大蔵出版、一九九三年）で強く主張されたことにより、学界では一般的な見解になっています。

時代を切り開き、社会を導きつつある武士。その武士が求めているのが悪人正機による救い。親鸞は越後でこのことを実感し、それに基づき、主な布教対象を武士として布教活動を行なったようです。その結果による確信を得、やがて関東に向かって多くの武士に教えを説いたのです。そして親鸞の関東での念仏布教は多くの成功を収めました。

念のために付け加えておけば、親鸞の教えを受けた者の中に農民がいなかったということではありません。武士が仲よく生活を送っていた農民に、「最近、親鸞というすばらしい念仏者が来たから、お話を聞きに行ってごらん」と言うことは十分にあり得ただろうということです。

関東時代

8　一家で関東に向かう

(1) 鎌倉を目指す僧侶たちと親鸞

鎌倉時代、奈良・平安時代からの都・京都に対し、都市鎌倉は新興勢力の武士の希望の都でした。そして鎌倉時代には、新しい社会の動きに対応した救いの教えを説こうとする僧侶の中で、京都付近で既成仏教勢力の抵抗で思うような布教のできない者は、かなりが鎌倉へやってきました。新興勢力の人たちなら自分の教えを理解してくれるだろう、受け入れてもらおうという目的だったのです。最終的には幕府の将軍や執権の北条氏の支持を得たい、ということでした。その中には栄西（臨済宗）・道元（曹洞宗）・蘭渓道隆（中国から）・良忠（浄土宗）・日蓮（日蓮宗）・無学祖元（中国から）・一遍（時宗）らの僧侶がいました。

親鸞も越後で時代を切り開く武士たちの世界に接し、その都ともいうべき鎌倉のある関東で念仏を広めようとの理想を抱き、恵信尼もその理想に共鳴し、ともに関東に移住することを決心したのではないでしょうか。

建保二年（一二一四）、親鸞と恵信尼は関東に向かいました。親鸞は四十二歳、恵信尼は三十三歳で、二人の間には娘と息子が一人ずつ生まれていました。娘はのちに小黒女房と呼ばれた女性で、七歳くらい、息子の信蓮房は四歳でした。

親鸞の越後流刑は三年前の建暦元年（一二一一）十一月十七日に許されていました。流刑にされたのは承元元年（一二〇七）二月でしたから、四年九ヶ月で赦免になったということです。親鸞はその後、二年以上越後に滞在していたことになります。今後の生き方についていろいろと考えていたのでしょう。恵信尼と話し合うことも多かったのではないでしょうか。結局は関東へ行くという目標を立て、その準備、あるいは布教方法の確認、関東でどのように生活して生きるかなどを検討していたのでしょう。

(2) 宇都宮頼綱の存在

親鸞が越後から関東へ行くにつき、各地を浮浪するように歩く聖になって行ったのだ、という説が第二次大戦後に広まりました。

しかし親鸞が貴族出身の妻と、七歳くらいの娘の小黒女房・四歳にしかならない息子の信蓮房（数え年です）とを連れて越後国から信濃国（長野県）の山越えをして関東へ行くことなど不可能です。泊まる所は、街道筋の太子堂（聖徳太子堂）だったという説が出たことがありました。しかし実際に調査をすると、親鸞が関東へ来た建保二年（一二一四）までに越後から関東までの街道筋に太子堂など一つもありませんでした。

では、親鸞一家はどのようにして越後から関東へ来たのでしょうか。それは親鸞が関東へ来て住んだ所が常陸国稲田郷であることが手がかりになります。稲田に住んだのは、『親鸞伝絵』下巻第二段の記事によって明らかです。


聖人（親鸞）越後国より常陸国に越えて、笠間郡稲田郷といふところに隠居したまふ。幽栖を占むといへども（後略）。


「親鸞聖人は越後国から山々を越えて常陸国に至り、笠間郡稲田郷といわれる地域に、隠れるようにひっそりと住まわれましたが（後略）」。

ところで稲田郷へ来て、勝手に夫婦親子四人で住み着くことができたでしょうか。

毎日のご飯を食べるとか、生活はどうしたのでしょうか。誰か助ける人はいなかったのでしょうか。関東で念仏布教に当たるといっても、これらのことを無視することはできません。

ここで注目されるのが宇都宮頼綱（うつのみやよりつな）という武士です。稲田はこの頼綱の領地でした。頼綱は常陸国（茨城県）の西隣の下野国（しもつけのくに）（栃木県）南部から中部にかけて大領地を持ち、鎌倉幕府の執権北条時政（ほうじょうときまさ）の娘と結婚した幕府の中での有力者でもありました。

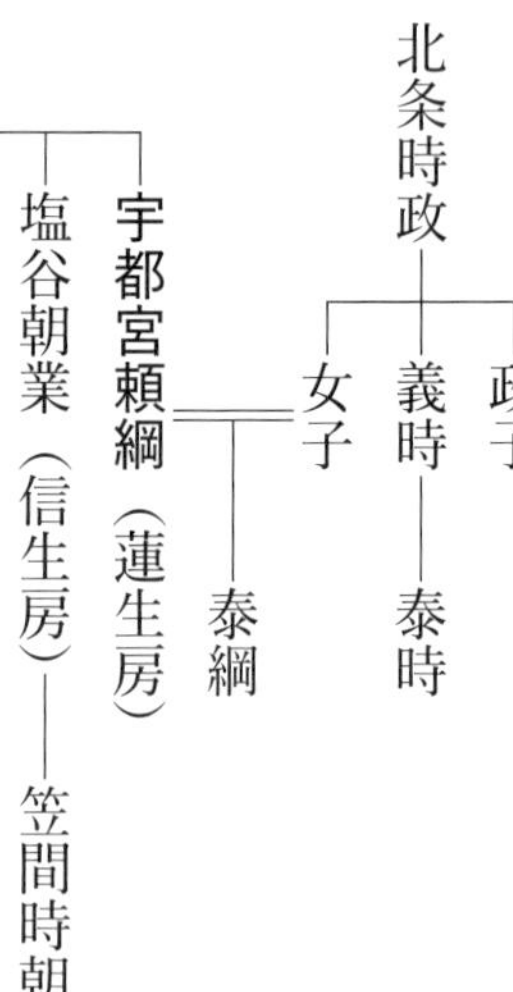

そして注目すべきことに頼綱は法然の門弟だったのです。蓮生房（れんしょうぼう）と名乗っていました。親鸞より五歳の年下でしたから、この時三十七歳でした。法然没後は法然の高

弟の一人である証空の指導を受けていました。証空は今日の浄土宗西山派の派祖です。京都にも領地のあった頼綱は、その後四十年間にわたって証空に仕えています。弟の塩谷朝業は、法然没後の門弟との意識を強く持った人で、彼も証空の門に入って信生房と名乗っていました。

また頼綱は和歌の道にも励んでいました。和歌で有名な藤原定家と親しく、京都北山の別荘の障子（現代の襖）に定家に書いてもらった古今の和歌百首は、今日、百人一首として知られています。

親鸞が関東へ行くにあたり、弟弟子の頼綱のことを思い出して連絡を取り、相談をかけたのではないでしょうか。「それなら私の領地へいらっしゃい」と、頼綱が稲田に招いたのではないでしょうか。そうでなければ親鸞が一家で稲田に住み着いた説明ができません。

むろん、広く多い領地を頼綱が全部支配管理をすることはできません。稲田を支配していたのは、頼綱の弟の稲田頼重という人物であったと、稲田草庵の跡を受けている今日の西念寺では伝えています（寺田弥吉『親鸞の開宗と稲田山』稲田教学研究所、一九六二年）。

頼重は兄頼綱の指示で家来を越後まで送り、越後国府から南下して信濃国に入って善光寺(ぜんこうじ)に立ち寄り、東に向かって碓氷峠(うすいとうげ)を越えて上野国(こうずけのくに)（群馬県）に入り、国府から南下して利根川(とねがわ)に至り、その河岸を東に向かって常陸国を目指すといった旅のコースでしょう。親鸞の妻子を馬または輿(こし)に乗せ、安全に稲田まで連れてきたものでしょう。

ところで親鸞一家が関東に向かって出発した建保二年という年の元号「建保」は、伯父の日野宗業が作成したものでした。そして前の年の建暦三年十二月六日から改められて建保元年となったものです。親鸞が二十九歳で比叡山を下りたのは、まさに伯父宗業の新元号が世に出てまもなくでした。四十二歳で関東に向かったのも同じでした。親鸞は今回も伯父の偉業に背を押されて新しい世界に足を踏み出したのではないでしょうか。

(3) 上野国での三部経千部読誦

親鸞一家が稲田へ向けて旅をしている途中、恵信尼の記憶に残る二つのできごとがあったことを恵信尼消息第一通は伝えています。その最初は上野国佐貫(さぬき)（現在の群馬県邑楽郡板倉町佐貫）においてでした。親鸞はそこで三部経千部読誦(さんぶきょうせんぶどくじゅ)を始めたというのです。これは、浄土三部経（『無量寿経』『観無量寿経』『阿弥陀経』）を千回読むということです。これは何か人々がとても困っていることを解決してあげる功徳があるとされていました。

おそらくは地元の人たちに何か必死の思いで「一千回読誦を」と頼まれたのでしょう。彼らにとって経典読誦は治病なり、何なり不幸な状況を回復するための行ないです。親鸞は放っておけず、止むを得ず行なったのではないか、と言われてきました。

でも、これはさすがに無理でしょう。浄土三部経を一回読誦するだけで四〜五時間かかります。一日に四回読めるとして千回なら二百五十日です。八ヶ月以上です。その間、家族やお迎えの人たちは放りっぱなし？　滞在費用は？　数日して親鸞は中止しました。

⑷　常陸国下妻での恵信尼の夢

親鸞一行が常陸国下妻の幸井郷（現在の茨城県下妻市坂井）にいた時、恵信尼は夢を見ました。阿弥陀堂供養の前の晩らしくて、東向きに建っているその御堂の前には、松明が赤々と燃えていて、御堂の前には鳥居が建っており、二本の柱に横に渡し

た長い貫（ぬき）に仏の画像が二枚掛けられていたそうです。そのうち一枚は、

ただ仏の御顔（みかお）にてはわたらせたまはで、ただひかりのま中、仏の頭光（ずこう）のやうにて、まさしき御かたちはみえさせたまはず、ただひかりばかりにてわたらせたまふ。

（恵信尼消息第一通）

「まったく仏のお顔ではなくて、ほんとうに光が輝いている真ん中の、仏の頭光のようで、実際のお顔の形は見えず、ただ単に光ばかりでいらっしゃいました」という状況でした。

それで恵信尼は、「こちらは何という仏様ですか」と尋ねてみました。すると空中から声あり、「あの光だけのお像は、あれこそ法然聖人でいらっしゃいますよ。勢至（せいし）菩薩（ぼさつ）さまですよ」という声がありました。

ところがもう一体の絵には、いかにも仏らしいお顔がありましたので、恵信尼は「こちらは何という仏様ですか」と尋ねてみました。

「あれは観音にてわたらせたまふぞかし。あれこそ善信の御房（おんぼう）（親鸞）よ」と申すとおぼえて、うちおどろきて候ひしにこそ、夢にて候ひけりとは思ひて候ひしか。

（同前）

『あのお姿は観音菩薩様ですよ。あれこそあなたの夫の親鸞さんですよ』と教えてくれたと思ったとたん、驚いて目が覚め、ああ夢だったのかと思いました」。

恵信尼は自分の夫が観音菩薩の化身（けしん）であったと知り、また、自分も若いころから崇敬してきた法然と並ぶ立派な人だったのだとわかった、というのです。

もちろん、これは恵信尼が見た夢です。しかし当時、夢は事実を示すと思われていました。では恵信尼はどうして常陸国下妻において、まもなく稲田へ到着するという直前にこのような夢を見たのでしょうか。

関東の生活はまったく未知数です。京都の三善家で子どもたちともども大事にしてもらって暮らせるのとは訳が違います。大丈夫でしょうか。夫を信頼し、関東の武士の世界で念仏布教に当たりたいという理想に共鳴して付いてきたけれども、ほんとうに大丈夫だろうか。実際、下野国佐貫で少し心配なできごともありました。

その不安の中で、ああ、もう関東へ入ってしまった、稲田も近い、もう戻れないという不安の中で見たのが「夫は観音菩薩。観音菩薩の化身」という夢でした。これなら一緒に関東でやっていける。夫に付いていこう。下妻での夢は、恵信尼のこのような決心を示す夢だったのではないでしょうか。

9 常陸国稲田に住む

(1) 農産物豊かな関東と稲田

以前から、親鸞の伝記では、「親鸞聖人は関東の荒野(こうや)を食うや食わずの聖として放浪しながら念仏の教えを説いて歩かれた」と言われてきました。しかし関東は荒野ではありませんでした。農林水産物が豊かな土地でした。

朝廷では平安時代に全国の国々を上から下に四段階に分けました。大国(たいこく)・上国(じょうこく)・中国(ちゅうこく)・下国(げこく)です。これは国としての年貢の多い順です。もっとも多く年貢が取れる国が大国です。以下、下国に至るまで年貢収入が減っていきます。年貢は農業収入(そのもっとも基本的なものは米です)が多ければ多いほど、たくさん取れる道理です。そして親鸞が目指した常陸国は、荒野どころか大国でした。とても豊かな土地だったのです。

さらに常陸国の東側が面している太平洋は、北から下る親潮（寒流）と南から上る黒潮（暖流）がぶつかる所で、いろいろなプランクトンが多く、それを目当てのさまざまな魚が獲れ、漁業資源も豊富でした。また沿岸では塩焼きが行なわれ、西隣りの下野国を通して各地に売りさばかれました。『歎異抄』で知られた唯円が住んでいた常陸国河和田（現在の茨城県水戸市河和田町）には、商品としての塩を運ぶ塩街道がまっすぐに西に向かって通っていました。唯円はその付近で活躍していたのです。現在でもその塩街道の名残りを見ることができ、「塩街道」と記された石碑が建っています。

また当時日本の平均気温は平安時代から鎌倉時代前期にかけては一度あまりから三度程度高かったそうです。こんなに気温が高ければ、農産物の生産量はとても多かったことが考えられます。関東地方はこの気温の高さに影響されて農産物が豊かになっていたのです。さらに、よく平安時代後期の奥州藤原氏百年の栄華、ということが言われます。藤原清衡・基衡・秀衡の三代です。奥州には金が多く産出したからだというような話もありますが、基本はこのような平均気温の高さによる農産物の多さが軍事力の強化にも、京都からの文化財の移入にも役立ったのです。

この気温の高さは関東や奥州だけでなく、当然西日本にも影響を及ぼします。ところが、もともと東日本より平均気温が高い西日本は、九州をはじめとして農産物が豊かになるどころか干ばつに見舞われることが多かったそうです。結果として農産物が少なく、飢饉に見舞われることも多かったのです。源頼朝と平清盛・宗盛との源平の戦いが源氏方の勝利に終わったのは、源氏の軍勢が強かったというよりも、平家の軍勢が食糧難だったからという見方もあるのです。

(2) 名神大社の稲田神社

親鸞一家がその境内に住まわせてもらった稲田神社は、朝廷の規定でいうところの名神大社でした。朝廷が全国の国々を大国から下国まで分けたように、全国の有名な神社を掌握するために名神大社・大社・小社の三段階に分けました（「中社」もあったらしいですが、実際には実施されていません）。

名神大社は、大社のうちでさらに大きく、神社領もたくさんあり、特に有名で権威もある神社が選ばれました。軍事力も強かったのは当然のことでしょう。神社あるいは神社領を守らねばなりません。

この名神大社は、国ごとには二社程度が普通でした。ところが常陸国には七社もありました。それは、稲田神社・鹿島神宮・筑波山神社・大洗磯崎神社・酒列磯崎神社・静神社・吉田神社です。このように多いのは、東北地方を中心に関東・東海に勢力を張っていた蝦夷の勢力と対抗するため、奈良時代から平安時代にかけて朝廷が軍事力を送り込んでいたことが原因と考えられています。その最前線が常陸国だったようです。朝廷では蝦夷と戦う人々の精神的支柱として現地の神祇信仰と仏教を強化させました。それが七つの名神大社となり、また仏教では天台宗を強力に送り込むことになりました。

親鸞一家は、この中の稲田神社の境内、しかもなだらかな南斜面の住みやすい所を提供してもらったのです。

⑶ 街道の宿場町・門前町

現在ではまったく跡形もありませんが、鎌倉時代には稲田の東側に南北の街道が走っており、稲田はその宿場町でした（もちろん、現在、南北に走る道は何本もあります）。「宿場町」という言葉は江戸時代からのもので、それ以前は単に「宿」でした。

そこには旅館や月に三回開かれる市（市場）があり、人々が集まってくる賑やかな場所でした。絵巻物の『一遍聖絵』などには、鎌倉時代の市の賑やかな様子が描かれています。また稲田は、これも江戸時代にいうところの大寺院・大神社の門前町でもありました。

前掲『親鸞伝絵』に、親鸞は越後から常陸に来て稲田郷に「隠居」し「幽栖」したと書かれていますので、後世にこれを読む人たちは勘違いしてしまいます。「稲田郷は住む人もまれな田舎だったのか」と。そうではないのです。親鸞は賑やかな所に住んだのです。関東へは布教に来たのですから、人がろくろくいないような所にこっそり住んだのでは意味がありません（拙著『親鸞の東国の風景』自照社出版、二〇一〇年）。

⑷ 九条家領小鶴荘

また稲田の中を流れている稲田川を舟で二、三キロ下ると、涸沼川という川に合流します。そして涸沼湖を経て那珂川という大河に入り、すぐ太平洋に入るのです。その前に、涸沼川を下って三、四キロの所で小鶴荘という広い荘園に至ります。ここは恵信尼の父三善為教が家司として仕えていたと推定される関白九条兼実の領地でした。兼実は、小鶴荘が九条家領であることに変わりはないものの、北荘（きたのしょう）と南荘（みなみのしょう）の二つに分け、二人の女性に引き継がせました。その女性とは御堂御前（みどうごぜん）と宜秋門院（ぎしゅうもんいん）でした。

御堂御前は、兼実が将来を期待していた長男でわずか二十二歳で亡くなった内大臣良通の妻です。彼女は夫の思い出とその菩提を祈る人生を送る決心をし、岳父（がくふ）の兼実はその心情を哀れんで阿弥陀堂を建ててあげました。そのため御堂御前と呼ばれるようになりました（「御堂」とは阿弥陀堂のことです）。そして彼女の経済的基盤を安定させるため小鶴北荘を与えたのです。

兼実が小鶴南荘を与えたのは、娘の任子でした。彼女は後鳥羽天皇の中宮になりました。そのような場合、多くの家司や関係の女性たちがこぞって付き従い、主人である女性を盛り立てる慣例でした。任子は親鸞と同年齢ですので、恵信尼は九歳の年下です。任子にかわいがられたのではないでしょうか。しかし任子はなかなか子どもにめぐまれず、やっと建久六年（一一九五）に生まれたのは女子でした。昇子内親王（のぼるこないしんのう）です。その四ヶ月後、同じく後鳥羽天皇の後宮（こうきゅう）に入っていた内大臣土御門通親（つちみかどみちちか）の娘が男子を産みました。その男子はあっという間に天皇に立てられました。土御門天皇です。そして兼実と任子は宮中を追い払われてしまったのです。

しかし追い払われたのは政治家たちの争いによるもので、後鳥羽上皇は任子と、自分の最初の子である昇子内親王をとても愛していて、昇子にはかなり多くの皇室領も与えています。

正治二年（一二〇〇）、任子は宜秋門院という院号を与えられました。翌年、母の死により、任子は法然のもとで受戒しました。承元元年（一二〇七）四月には兼実が亡くなっています。法然および親鸞が流刑にされたのはその二ヶ月前でした。任子は夫親鸞とともに流刑地越後に下った恵信尼のことを心配していたのではないでしょうか。さらに四年後には昇子内親王も十七歳で亡くなってしまったのです（拙著『関白九条兼実をめぐる女性たち』自照社出版、二〇一二年）。

宜秋門院は越後に移った恵信尼とその後も交流があったと推定されます。親鸞一家が稲田に住むこととなったのは親鸞の事情です。その上、近くに自分の主家である宜秋門院の領地があれば、恵信尼にとって大きな安心材料だったでしょう。小鶴荘を通じれば、京都の三善家に早く、確実に連絡を取ってもらえるでしょう。九条家には常陸国に他に村田荘（むらたのしょう）等の荘園もありますけれども、恵信尼にとっては小鶴荘の存在が心強かったことでしょう。

こうして親鸞と恵信尼は、稲田に生活の根拠を置き、力を合わせて念仏布教活動を行なっていくことになったのです。

10 布教活動――一泊二日の布教圏

(1) 親鸞の布教の姿

親鸞が関東にいたのはその四十二歳から六十歳まででした。その間の十八年間、家族と豪族に守られて念仏布教活動を行ないました。その活動で大変だったことの一つは、言葉でしょう。三十五歳までの京都の言葉、さらには比叡山の言葉。越後へ行って七年間の、最初は耳慣れない言葉。やっと慣れたころに、今度は関東の言葉。しかも日常に使う言葉とは微妙に異なる信仰上の言葉。親鸞もいかに念仏を広めるか、稲田を中心とした地域の言葉の習得(しゅうとく)に努力したことでしょう。

また親鸞は承元の法難で還俗させられて越後に流された時、次のような決心をしました。それは『教行信証』に、

すでに僧にあらず俗にあらず。このゆゑに禿(とく)の字をもつて姓(しょう)とす。

「もう僧侶でなければ俗人でもないので、『禿』の字を姓にしました」とあることです。朝廷で公認されている教団で出家して僧侶になると、一つの大きな特権があるのです。それは税金を納めなくてよいということです。その代わりに国家安泰のための祈りをせよということが朝廷の方針です。

親鸞は還俗させられた時に藤井善信（ふじいのよしざね）という姓名を与えられました。しかし親鸞はこれを拒否し、俗人に戻るつもりもないとして、姓を「禿」としたのです。「禿」とは頭に毛のない状態ではありません。おかっぱです。前掲『教行信証』引用部分の「禿」の字には、「かぶろなり」と左訓が書かれています。「かぶろ」はすなわち髪を短く切りそろえて垂らした、童子の髪型です。

平安時代から鎌倉時代、大人の男子はすべて髷（まげ）を結って烏帽子（えぼし）を着けることが求められました。この姿は、頭の上にいる神を守るといった信仰から来ているようです。僧侶は髷を結わず、髪の毛を剃ることが要求されました。

親鸞は大人でありながら、「おかっぱにする」と宣言したのです。これが「僧にあらず俗にあらず」という意味です。そしてそれが三十五歳以降の親鸞の姿でした。

(2) 歌人宇都宮頼綱・塩谷朝業・笠間時朝

親鸞一家が助けてもらったと推定される宇都宮頼綱は、関東の大豪族・幕府の有力御家人であると同時に、優秀な歌人でもありました。その母は平清盛の甥である長盛(ながもり)の娘でした。それだけでなく、父の妻も、祖父の妻も京都から迎えていました。そのため、京都に親族や親しい知り合いが多くいたのです。頼綱の娘婿(むすめむこ)には、正二位内大臣三条坊門通成(さんじょうぼうもんみちなり)がおり、そこに従一位准大臣(じゅんだいじん)の通頼(みちより)が生まれています。また他の娘の婿には正二位左大臣三条実房(さんじょうさねふさ)がいます。さらにもう一人の娘は和歌の藤原定家の後継者為家(ためいえ)の妻となり、二条為氏(にじょうためうじ)（正二位権大納言）と京極為教(きょうごくためのり)（従二位右兵衛督(うひょうえのかみ)）を産んでいます。

このような付き合いの中で頼綱は藤原定家に和歌を学びました。その結果、宇都宮(うつのみや)歌壇(かだん)と呼ぶ、宇都宮氏の者たちを中心とする和歌の集団を形成するまでに至っています。その代表的存在が、頼綱であり、その息子の泰綱(やすつな)であり、頼綱の弟の塩谷朝業であり、また朝業の息子で頼綱の養子になって笠間地方の領主になった笠間時朝(かさまときとも)です。宇都宮歌壇は、長い間、下野国の宇都宮氏本拠地での歌壇と思われてきました。しかし近年の研究により、そうではなくて京都での宇都宮氏を中心とする歌壇であったことが明らかになっています。

頼綱は勅撰集に三十九首もの和歌が採用されています。たとえば、「恋歌（こいうた）」を題にした次の和歌が『続後撰和歌集（しょくごせんわかしゅう）』にあります。

さても猶（なお）　しのべばとこそ　思ひつれ
たが心より　おつるなみだぞ

「あの人を憶いながら、それでもじっと堪えようと思いましたのに、誰の意思によってこのように涙がこぼれてくるのでしょうか」。

次は塩谷朝業です。彼は親鸞が関東へ来る前の年に妻を失いました。その悲しみの歌です。

夢かとて　さらばなぐさむ　かたあれな
うつつともなく　おもふおもひの

「これは夢だと思っても、それなら心を晴れさせる方法があるでしょうか、現実ではないと思っている私の心を」。

さらに笠間時朝です。宇都宮神社にその本地仏（ほんじぶつ）とされる馬頭観世音像（ばとうかんぜおんぞう）を寄進した時のことを次のように詠んでいます。

　　きみがよも　わがよもつきず　あきらけき
　　　神のちかひに　まもらざらめや

「天皇の繁栄も私の栄えも続いていくでしょう。清らかな大明神が私たちを救ってくださるという誓いを立てておられます。私たちがその神に守っていただけないことがありましょうか」（拙著『鎌倉時代の和歌に託した心　続』自照社、二〇二二年）。

(3) 主な門弟は武士

　さてこのように文化的程度の高い宇都宮一族の勢力圏の中に本拠を置いた親鸞は、まず武士たちを対象に布教を続けていきました。その布教圏はどの程度の広さであったのか、どのような人が主な布教対象であったのかを確認していきます。関東での主な布教対象は武士であったということが確認できるのは、『二十四輩牒』と『親鸞上人門侶交名牒』および親鸞書状です。

　『二十四輩牒』は覚如が親鸞の有力門弟を選び出して二十四人を挙げたものです。覚如ではなくて親鸞自身、あるいは親鸞の孫の如信が選び出したものではないかという説も根強くありましたが、現代ではほぼ覚如説で落ち着いています。『二十四輩牒』(茨城県大洗町・願入寺蔵)に示されている最初の四人は、性信・真仏・順信・乗然です。

これら四人のうち、最初の性信は鹿島神宮の神主の一族で、鹿島地方の大中臣氏の出身とされています。間違いなく武士です。真仏は高田地方の領主大内氏の一族で、常陸国の大豪族常陸大掾氏の出身であり、常陸国真壁で生まれています。順信は鹿島神宮の神主で、乗然はその弟でした。神社の神主は、武士であって宮司や禰宜などという神主の職を持っている者のことです(貴族の場合もあります)。

以下、二十四輩に乗っている親鸞の門弟はすべて武士です。

次に、『親鸞上人門侶交名牒』は親鸞在世中か没後かは不明ですが、いつかの時点で親鸞の門弟(孫弟子まで含まれている場合もあります)を一覧表にしたものです。一覧表にした目的は、幕府なり朝廷なりの大きな組織に提出する必要があったからと推定されています。現在妙源寺本(愛知県)・光明寺本(茨城県)・万福寺本(山梨県)といった形で何種類かの写本が残っています。妙源寺本には、次のような後世の加筆が記されています。

上人面授口決の門弟・末弟共、記す所三百十余人。奥書の年号は康永三〔甲申〕季の書写也。元禄十七甲（「申」という文字が抜けています）ノ年迄三百六十六年カ。上人御往生八十壱年目に記すの書物也。

「親鸞聖人が直接教えを授けられた門弟や孫弟子たちなど、三百十人あまりが記されています。元の書物は、その奥書には康永三年（一三四四）とある書物です。これは現在の元禄十七年（一七〇四）より三百六十六年前でしょうか。親鸞聖人が亡くなられて八十一年目に書いた書物ということになります」。

康永三年から元禄十七年までの年数が間違っていますが、昔は西暦がありませんでしたので計算が手間取ることも多かったからと考えられます。

この妙源寺本で親鸞の門弟の身分を検討してみましょう。全員ではとても多い人数になりますので、ひとまず最初の四人にします。その四人は次のように記されています。

親鸞上人
- 真仏〔下野国高田住〕
- 入西〔常陸国住〕
- 乗然〔同国南庄住〕

――性信〈下総国飯沼住〉

最初の真仏は下野国高田に住んでいると書かれています。何の深い意味もない文章のように見えますが、そうではありません。これは「下野国高田に住む武士身分の者」という意味なのです。高田の領主であるということです。奈良時代初めならともかく、この鎌倉時代には農民たちはその住んでいる場所に所有権はありません。いわば所有者の武士に住まわせてもらっているのです。その場合には「住」とは記せません。写し忘れらしい一、二名を除けば、この妙源寺本および光明寺本にはすべて直弟の住所には「住」と書き加えられています。すなわち、全員が武士であるということです。万福寺本には、全員に「住」の字が書かれていませんが、これは全部省略したということでしょう。

さらに親鸞の書状は現在残されている限り、親鸞の真筆が十一、二通で、その他写本・版本（木版刷りの書物で出版されて残っているもの）を合わせて四十数通です。宛名が不明な書状もありますが、これらの書状を読める者はすべて武士です（または京都の貴族）。農民は文字を習う勉強はしていません。したがって書状から見ても、親鸞の関東地方の主な門弟は武士であったとしか言いようがありません。

⑷ 門弟たちの住所

二十四輩から見る親鸞の門弟たちの住所は、ほぼ稲田を中心とした四十キロほどの同心円の中に入ります。人間は一時間に四キロ歩くといいますから、四十キロなら十時間かかることになります。朝、稲田草庵を出発し、夕方に目的地について夜に念仏の会を開き、その夜は泊めてもらい、朝、稲田に向けて出発するということです。もちろん日帰りのことや、稲田草庵に門弟その他の人たちが訪ねてくるということもあったでしょう。

現在でも、親鸞の門弟が住んでいた所がそのまま寺院として続いているという場合もあります。たとえば二十四輩第一の性信の住所です。茨城県常総市にある報恩寺です。それから同第二の真仏の住所です。栃木県真岡市高田の専修寺です。もう一つ、二十四輩第三の順信の茨城県鉾田市鳥栖と同市下富田の無量寿寺です。下富田の方は、順信の隠居所だったと言われてはいますが、最初に住んで、のちに再びその地に隠居したとも考えられています。

親鸞は五十代の半ばになって鎌倉幕府の執権北条泰時に招かれて一切経校合の

作業に当たりました。そのころには相模国（神奈川県）の布教に歩いた気配で、現在の神奈川県あるいはその北の東京都に親鸞布教の痕跡が残っています。

11 『教行信証』を執筆

(1)『教行信証』執筆時の政治・社会情勢

元仁(げんにん)元年(一二二四)、親鸞は『顕浄土真実教行証文類(教行信証)』を執筆しました。親鸞の主著となった書物で、親鸞が関東へ入ってちょうど十年目、五十二歳の時の成立です。

『顕浄土真実教行証文類』は、『浄土の真実なる教行証を顕す文類』と読みます。この『浄土』とは、「往生浄土宗の略で、浄土に往生して、そこでさとりを目指す法門(教法(きょうぼう))」を意味しています。したがって本書の内容は、そのような往生浄土宗の中でも、特に阿弥陀仏の本意にかなった『真実』の『教』と『行』(信を含む)と『証』が何であるかということを顕らかにし、示すために、それらについて釈尊や祖師方が説き示された経、論、釈の中から、それに該当する『文』章をそれぞれの項目ごとに分『類』して集めた書である、ということになります（梯實圓『聖典セミナー 教行信証〈教行の巻〉』本願寺出版社、二〇〇四年）。

親鸞が『教行信証』を書いた元仁元年ころは、日本全体でも、関東でも特に大きなできごとが起きていました。三年前の承久三年（一二二一）に承久の乱が発生し、政治の絶対権力を握っていた後鳥羽上皇が、鎌倉幕府まで支配しようとして敗れ、隠岐の島に流されたのです。

上皇が負けたあと、幕府方に没収された上皇方の貴族たちの荘園は二千ヶ所もあったといいます。天皇家領二百四十余ヶ所も没収されてしまいました。しかしこれは「幕府が必要という場合は、いつでも幕府に引き渡す」という約束の上で天皇家に返されました。

上皇に味方した武士たちの荘園も多数あり、それも幕府方に没収されました。それらの荘園には幕府の御家人である武士たちが新しい支配者として乗り込んでいきました。そのようなできごとがあった時の常として、今まで以上の高額の租税が課されました。関西を中心とした全国の混乱には大きなものがあったのです。

親鸞は、自分と家族の将来を賭して関東へ来たことは成功だったと思っていたに違いありません。念仏布教がうまくいき、多くの門弟を抱えることができるようになっていました。それらの成果は前述のように『親鸞上人門侶交名牒』に大勢の門弟の名が挙がっていることで明らかです。

⑵『教行信証』の執筆――関東布教十年の成果

親鸞は京都・越後・関東と生活環境が変化したにもかかわらず、いや変化したことの刺激によりいっそう充実した自分の念仏信仰と、それをもとに布教に専念したことの成果が上がっているこの十年を文章にまとめておこうとしました。それが『顕浄土真実教行証文類（教行信証）』です。

『教行信証』は和文ではなく、漢文です。文章の書き方で、現代には小説・日記・論文・紀行文・エッセイ等の分類方法があります、その中に、昔は「文類」という方法も入っていたのです。これは自分が言いたいこと、主張したいことを、主にいろいろな本からの引用文で構成することです。自分で考えた文章を「地文」といいますが、『教行信証』はその地の文がとても少ない、というのが特徴です。「私はこう思う」と自分で創作した文章だけでは説得力がない時代でした。

本書の構成は、顕浄土真実教文類　序（総序）・顕浄土真実教文類　一（教巻）・顕浄土真実行文類　二（行巻）・顕浄土真実信文類　三（信巻）・顕浄土真実証文類　四（証巻）・顕浄土真仏土文類　五（真仏土巻）・顕浄土方便化身土文類　六（化身土巻）、となっています。

この構成は、三時思想（釈尊の没後、仏法が衰えるという歴史観によって、時代を正法時・像法時・末法時の三時に分ける思想）で強調されるところの教（仏教の教え）・行（教えにもとづく行）・証（行の結果として得られるさとり）がもとになり、その上で親鸞が必ず必要だと強調するところの阿弥陀仏への信心がもとになって作られています。

親鸞の念仏信仰は、際立って「信心」が強調されています。それで本書の正式名『顕浄土真実教行証文類』には「信」の字はないのに、省略名に『教行信証』として使うことが多いのです。ちなみに現代では浄土真宗本願寺派や真宗大谷派が『教行信証』と称していますけれども、真宗高田派では省略名は『教行証』です。

本書の内容は、まず、〝顕浄土真実教行証文類　序（総序）〟で、極楽浄土往生の真実の救いの法は常に活動しているので、まだ信じていない人は早くめざめ、すでに信を得ている人は喜びなさい、私も喜びのあまりにこの書物を認める、としています。

この項には、

ひそかにおもんみれば、難思の弘誓は難度海を度する大船、無碍の光明は無明の闇を破する恵日なり。

「じっと考えてみると、阿弥陀仏の本願は渡りにくい迷いの海を導く大きな船であり、妨げるもののない阿弥陀仏の救いの光は、真実を知らない人間をその迷いから救ってくれる太陽です」とあります。

次に、〝顕浄土真実教文類　一（教巻）〟では、浄土の真実の教えがいかなるものかを明らかにし、それは『無量寿経』に説かれる阿弥陀仏の本願であることを述べています。この項には、

つつしんで浄土真宗を案ずるに、二種の回向あり。一つには往相、二つには還相なり。

「心を込めて浄土真宗のことを考えると、阿弥陀仏からの二つのありがたい贈り物があります。その一つは極楽浄土に往生させるはたらき、もう一つは、そののちこの世

界に還ってきて他の人たちを救済するはたらきです」。

〝顕浄土真実行文類　二（行巻）〟では、行とはいかなるものかを明らかにし、阿弥陀仏本願力の真実行の場に信が明らかになることを述べています。この項には、

つつしんで往相の回向を案ずるに、大行あり、大信あり。大行とはすなはち無礙(むげ)光如来(こうにょらい)の名(みな)を称するなり。

「心を込めて往相回向に思いを巡らすと、そこには大行と大信があります。大行というのは、何物にも遮られることのない救いの光を放つ阿弥陀仏の名前を称えることです」とあります。

〝顕浄土真実信文類　三（信巻）〟では、真実の信は阿弥陀仏が選び取られた本願の慈悲の心から起こるものであることを明らかにしています。この項の最初には、

それおもんみれば、信楽(しんぎょう)を獲得(ぎゃくとく)することは、如来選択(にょらいせんじゃく)の願心より発起(ほっき)す。

「さて考えてみると、他力の信心を得ることは、阿弥陀仏が衆生を救うために選び取られた大慈悲心から起こるものです」とあります。

〝顕浄土真実証文類　四（証巻）〟では、真実の往相回向を明らかにし、その結果、必ず現われてくる還相回向の内容を具体的に解明しています。この巻の最後は次の文

章で結んでいます。文中、「大聖」とは釈尊のことです。

しかれば、大聖の真言、まことに知んぬ、大涅槃を証することは願力の回向によりてなり。還相の利益は利他の正意を顕すなり。

「したがって釈尊の言葉によってほんとうの意味を確かに知りました、私たちがさとりを得ることができるのは、阿弥陀仏の本願の力を私たちに振り向けてくださっていることによるのです」。

〝顕浄土真仏土文類　五（真仏土巻）〟では、真仏土がいかなるものかを明らかにし、光明の仏・光明の世界であることを示しています。この巻の最初に次の文があります。

つつしんで真仏土を案ずれば、仏はすなはちこれ不可思議光如来なり、土はまたこれ無量光明土なり。しかればすなはち、大悲の誓願に酬報するがゆゑに、真の報仏土といふなり。

「うやうやしく『真仏土』について考えてみますと、『仏』とは言うまでもなく思いはかることのできない智慧の光明を備えた阿弥陀仏のことですし、『土』とは限りない光明の世界のことです」。

〝顕浄土方便化身土文類　六（化身土巻）〟では、真仏土に対する化身土を主に『観無量寿経』等によって明らかにしています。最後を次の文で結んでいます。

> しかれば、末代の道俗、仰いで信敬すべきなり、知るべし。『華厳経』（入法界品・唐訳）の偈にのたまふがごとし。「もし菩薩、種々の行を修行するを見て、善・不善の心を起すことありとも、菩薩みな摂取せん」と。
>
> 〈以上〉

「以上のとおりなので、末法の世の僧侶・俗人、阿弥陀仏を信じ尊敬すべきであることこそを知ろうではありませんか。『華厳経』に記されている漢詩に言われているとおりです。

もしさまざまな修行をする菩薩を見ていて、人々が善い心や悪い心を起こしたとしても、菩薩はすべて摂め取ってくださるのです」。法蔵菩薩はすべての人々を慈悲の心で救い摂って阿弥陀仏となったのです。

この「化身土巻」の最後の文は、「後序」なので、厳密には「化身土巻」の最後ではなく、本書である『顕浄土真実教行証文類』全体の結びにもなります。

以上が『教行信証』の大要です。また本書が元仁元年（一二二四）に書かれたという根拠は、本書の化身土文類中に「わが元仁元年甲申（きのえさる）」とあることによります。この年は十一月二十日に承元三年が改められて元仁元年となっています。

⑶ 浄土真宗の立教開宗

ところで浄土真宗系諸派では、親鸞五十二歳の『教行信証』執筆を以って立教開宗の時としています。これは第二次大戦後に真宗教団連合が正式に定めたものです。ただしこのことは江戸時代からちらちらほら言われていたことのようです。

『教行信証』は比叡山における二十年の天台宗の修行体験を経たのち、二十九歳から吉水草庵で専修念仏を学び、その後越後から関東での生活の中で二十三年間にわたって理論を磨き上げたこと、そして関東での四十二歳からの十年間の布教実施による多くの門弟獲得の成果から、確かに念仏は正しいとの確信のもとに書かれています。

では他の仏教諸宗派では立教開宗のことはどうなっているでしょうか。天台宗・真言宗から見ていきましょう。

(4) 諸宗派の立教開宗

天台宗　天台宗は中国からもたらされました。延暦四年(七八五)東大寺で受戒した最澄の活躍により、大同(だいどう)元年(八〇六)、朝廷から正式の仏教宗派として認められました。天台宗ではこの年を立教開宗の年としています。

真言宗　真言宗諸派でも「立教開宗」という言葉は使用しますが、その具体的な年や内容はさまざまです。一般的には「真言宗は空海(くうかい)によって立教開宗された」と言っていますが、その年や内容の統一見解は出されていません。

臨済宗　臨済宗は合計二十四流が日本に伝わってきました。現在では十四流が活動しています。栄西はその一流を日本に伝えたにすぎませんので、俗に言う「日本臨済宗の祖は栄西」というのは誤りです。日本の臨済宗には「日本臨済宗の立教開宗」という概念はありません。

曹洞宗　道元が、安貞元年(一二二七)、『普勧坐禅儀(ふかんざぜんぎ)』を書いて坐禅を根本とする仏教を説いたことを以って日本曹洞宗の立教開宗としています。

浄土宗　法然が、安元元年（一一七五）、善導の『観無量寿経疏』の中ですべての人々を救う道として念仏を称えることを発見したことを以って立教開宗としています。

日蓮宗　日蓮が、建長五年（一二五三）、安房国清澄山（あわのくにせいちょうざん）の山頂で朝日に向かって「南無妙法蓮華経」と『法華経』の題目を唱えたことを以って立教開宗としています。

時宗　一遍を開祖とする時宗には立教開宗という考え方はありません。

（拙著『親鸞立教開宗八百年の意義』東国真宗研究所、二〇二一年）

12　門弟の性信——二十四輩第一

(1) 鹿島神宮の神主の一族性信

親鸞の有力門弟とされている人たちが、みな、親鸞の『教行信証』執筆以前に親鸞の門に入っていたかというと、必ずしもそうではないのです。たとえば二十四輩第一とされている性信はその執筆以前からと伝えられていますけれども、第二の真仏や第三の順信は執筆以後のようです。本項からその性信と真仏、順信、および初めは強く親鸞に反発したとされる山伏弁円(やまぶしべんねん)についても見ていきます。

親鸞の門弟たちについては、そのほとんどが親鸞入門以前の経歴を正確に知るのが困難です。それでその経歴については、それぞれの関わりある寺院等で伝えられている話をもとにして検討していきます。性信については江戸時代中期の筆写である『報恩寺開基性信上人伝記』（東京都台東区東上野・報恩寺蔵）によって考えていきます。

性信は常陸国の鹿島神宮の神主である大中臣氏の一族の出身でした。大中臣氏は、朝廷で摂関家として活躍した藤原氏の祖中臣鎌足から出ています。鎌足は七世紀に鹿島地方に生まれ、大和国（奈良県）に出て中大兄皇子（天智天皇）に仕えて大化の改新を成し遂げた人物です。その子孫は藤原氏・中臣氏・大中臣氏などを名乗りました。その中であまり勢力を大きくできなかった大中臣氏の一部が祖先の故郷である鹿島に帰り、神主として鹿島神宮の経営に当たったのが性信の系統でした。平安時代後期から鎌倉時代には武士化していました。

性信は若いころ、五郎と通称されていました。実名はわかっていません。そして五郎は周囲の人から悪五郎と呼ばれていました。

『報恩寺開基性信上人伝記』に次のようにあります。

性信上人の俗姓は大中臣氏、常州鹿嶋の人にて、名は悪五郎と云々。

「性信は出家前の姓は大中臣で、常陸国鹿嶋の人、名は悪五郎ということです」。

「悪」という言葉は、現代では「守るべき道徳に外れた行ない」という意味です。ところが親鸞のころには異なる意味もありました。「常識を超えて優れた能力を持った者」という意味です。たとえば保元の乱（一一五六年）で戦死した左大臣藤原頼長は、あまりに学問が深く、また政治家としての人物が立派だったので「悪左大臣」と呼ばれました。

三年後の平治の乱で活躍した源　義平（源義朝の長男。源頼朝の長兄）は、少年の十四歳の時に、戦争がとても強いとされていた叔父の源　義賢を討ち取って、「悪源太」と恐れられました。「源太」は源氏の太郎、すなわち長男という意味です。義平の呼び名は太郎でした。これらの「悪」は褒め言葉だったのです。

そして褒めらるべき悪も非難されるべき悪も、人間が自分で管理できるものではない、人間世界の外に不可思議な力があり、それが人間に働きかけてそれぞれの状態にさせるのだと考えられていました。もちろんその結果自分に不利な状況になっても、自分で自分を救うことはできないのです。このような日本人の考え方に入ってきたのが阿弥陀仏の他力の救いであり、悪人正機の教えだったのです。

江戸時代になってからの史料ですが、性信は七十五人力だったという説があります（『性信上人縁起』群馬県邑楽郡板倉町・宝福寺蔵、『法得寺縁起　乙』仮題・栃木県下都賀郡野木町・法得寺蔵）。また性信は大雑把な性格の豪傑だったそうです。

群馬県板倉町の宝福寺には性信の坐像が安置されています。胎内銘によって鎌倉時代後期、性信没後まもなくの一三〇〇年代初めの制作とわかります。等身大より少し大きな威風堂々たる木像です。目は強く相手を威圧するごとく、口には笑みを浮かべていますが、その笑みには何か異様で怖い感じがあります。恐ろしげな乱暴者、悪五郎性信、という印象です。

⑵ 親鸞の門に入る

『報恩寺開基性信上人伝記』には、次のようにも記されています。

少して大志あり、生産作業を事とせず、年々紀州熊野に詣するを以て事とす。

「若いころ、悪五郎は何か大きいことをしたいと考えていて、武士としての務めは何一つしませんでした。毎年紀伊国の熊野神社へ参詣することのみ仕事にしていました」。

でも、大きなことをしたいと思っても、悪五郎にはどのようにしたらよいかわかりませんでした。どうも「これはすばらしい」という目標が見当たりません。性信は荒々しい気持ちを抑えきれずに悶々としていました。「では今年も熊野神社へお参りしてみよう。神様が何か教えてくださるかもしれない」と思ったのです。これは悪五郎が元久元年（一二〇四）、十八歳の時のことであったといいます。

性信は熊野神社に参籠したところ、熊野神から京都の法然を訪ねるようにとの夢告を得ました。そこで法然を訪ねたところ、親鸞を紹介されたそうです。親鸞は三十二歳です。そしてその場で親鸞の指導を得て出家し、

聖人第一の御弟子となり、忝じけなくも法号を性信と給らせ玉へり。

「親鸞の最初の弟子となって性信という法号をいただきました」とあります。

以後、性信は京都・越後・関東と親鸞に付き従い、やがて下総国豊田郡横曽根郷に報恩寺を建てて独自の布教活動に当たりました。この付近には常陸国名神大社鹿島神宮の領地はなく、したがって大中臣氏の領地もありません。ところが下総国名神大社香取神社の領地があったのです。しかも香取神社の有力神主に大中臣氏がいたのです。性信は鹿島の神主の一族ということになっていますが、香取の神主の一族だった可能性もあるか？　と多少の疑問も湧くところです。

(3)『教行信証』を与えられる

親鸞の書状は真筆・写本等合わせて四十数通ありますが、すべて親鸞の七十代末あ

たりからのものばかりです。それでも、その中に宛名に性信の名が書かれているものと、本文中に性信の名が書かれているものとを合わせると、全部で十二通ほどになります。門弟宛の手紙では群を抜いて多いです。ですから性信は親鸞が信頼を置く有力門弟の一人であったことは確実でしょう。

『報恩寺開基性信上人伝記』に、親鸞が六十歳で京都に帰る時、性信は京都までお供をするつもりでしたが、親鸞に関東での布教継続を指示されて箱根山で別れたとあります。その折、『教行信証』を「付属」されたといいます。「付属」というのは「自分の代わりに仕事をしてもらうための手掛かりとして、重要な品を与える」という意味です。

箱根の旧東海道の脇には、ここで親鸞から性信が『教行信証』を付属された所との伝えを持つ「笈の平」という場所があります（神奈川県足柄下郡箱根町畑宿）。

そして現在、唯一の親鸞自筆本とされている坂東本『教行信証』の末尾に、

弘安陸〔癸未〕二月二日　釈明性、之を譲り預かる。

「弘安六年（一二八三）二月二日、釈明性は『教行信証』を受け継ぎました」とあります。性信はこの八年前の建治元年（一二七五）に亡くなっていますから、明性が直

接性信から相伝したのではありません。性信の後継者からでしょう。

しかし結局、『教行信証』は報恩寺に戻って大正年間に至り、現在では真宗大谷派所蔵（京都国立博物館保管）となっています。

⑷ 性信、『真宗の聞書』を著わす

親鸞の、年未詳五月二十九日付性信宛の書状に、次のことが書いてあります。

『真宗の聞書』、性信房の書かせたまひたるは、すこしもこれに申して候ふやうにたがはず候へば、うれしう候ふ。『真宗の聞書』一帖はこれにとどめおきて候ふ。

「あなたが執筆した『真宗の聞書』という本の内容は、私が話したことに少しも違ってはいませんので、うれしいです。この『真宗の聞書』一冊は、私の所に置いておきましょう」。

性信の恐ろしげで強そうな風貌は変わらないまでも、穏やかな上品さが身に付き、それが表情にも表れるようになりました。前掲の宝福寺の性信坐像を、向かって左の斜め下から見上げると、思いがけなく上品な表情が浮かんできます。この表情こ

そ、苦しみ悩んだ性信が、親鸞のおかげでたどりついた穏やかな境地なのではないでしょうか。

鎌倉時代、師匠の話した内容を弟子が聞き書きし、それを師匠に見せて点検してもらうことがずいぶんあったようです。この性信の『真宗の聞書』など、まさにその代表的な例です。親鸞も「性信はよく私の話を理解してくれている」と喜んだのです。

このころ、親鸞は恐らくは八十歳ころ、性信は六十歳代の半ばころです。

13 真　仏――二十四輩第二

(1) 大内氏の氏寺

親鸞の門弟で真仏（しんぶつ）という名で知られた人物は二人います。一人は『親鸞伝絵』に出てくる常陸国の大部平太郎（おおぶのへいたろう）のことです。親鸞の門に入って真仏と称しました。もう一人の真仏が栃木県真岡市高田・専修寺の開基で、真宗高田派の第二祖とされている、いわゆる高田の真仏と称されている人物です。

かつて親鸞は流罪先の越後から四十二歳で関東へ向けて出発した時、まっ先に高田へ入ったとする説もありましたが、そのことを示す歴史的根拠はありません。親鸞が高田へ入ったのは、高田地方の伝えによれば『教行信証』を執筆した翌年、五十三歳の時でした。

当時、高田を含む下野国芳賀郡（はがぐん）は豪族大内国時（おおうちくにとき）が支配していました。大内氏はもともとは下野国の豪族ではなく、常陸国真壁郡（まかべぐん）の椎尾郷（しいおごう）（茨城県桜川市）が本拠地で、椎尾（しいお）氏と称していました。その元をたどれば、常陸国の大豪族である桓武平氏（かんむへいし）の常陸大掾氏でした。常陸大掾氏は、平将門（たいらのまさかど）や平忠常（たいらのただつね）、一族が伊勢国へ移って平清盛を出した氏族です。

真壁郡は、筑波山（つくばさん）の北の山裾（やますそ）に広がる農業生産力豊かな地域で、古代から栄えていました。そこから高田はあまり遠くありません。

下野国に侵入した大内氏は、まだ支配が浅かったためでしょう、高田に新たな氏寺（うじでら）を建て、一族団結の拠り所としました。その氏寺では椎尾から来た一族の真仏という若い僧侶が仏に仕えていました。

氏寺に安置されたのは阿弥陀仏で、像の高さは百三十センチあまりです（現在は真岡市専修寺の客殿に安置されています）。そのころには珍しい説法印（せっぽういん）の立像（りゅうぞう）でした。説法印とは、両手を胸の前で立てて掌（てのひら）を外側に向けた形です。阿弥陀仏が説法している（教えを説いている）姿で、奈良時代から平安時代の初めに多かった形です。浄土真宗でよく目にする、右手を胸前（むねまえ）に上げ、左手を垂らす来迎印（らいこういん）とは異なります。来迎印は人間を極楽浄土に迎える姿です。これは鎌倉時代に多かった形です。説法印と来迎印とでは、阿弥陀仏に対する信仰も少し異なることになります。

(2) 虚空蔵菩薩信仰と明星天子信仰

高田地方には虚空蔵菩薩の信仰が広がっていました。この菩薩は福徳と智慧を量り知れないほど持っていることは大空（虚空）にも等しい、とされていました。これが虚空蔵菩薩という名前の由来です。右手に智慧の宝剣、左手に福徳の蓮華と如意宝珠とを持っています。

北関東では落雷や雹の被害が多く、人々は困っていました。実はこれは現代でも続いています。二〇一二年夏には笠間地方で直径六センチにも及ぶ雹が降りました。あまりに大きくて、さすがに珍しいというので地元の『茨城新聞』にも写真が載ったほどでした。この時、筆者はそのころの水戸市の自宅にいましたが、水戸でも直径三センチほどの雹が無数に地面に落ち、それが軽々とぴょんぴょん跳ね上がって縁側などに乗るのです。まるで生きているようでした。

落雷は農作物もだめにし、甚大な被害を与えます。人々は、落雷・雹を防いでくださいと、空中を鎮めるとされた虚空蔵菩薩にお願いをしました（現代でも）。それでこの地方では虚空蔵菩薩信仰が強いのです。専修寺のある真岡市には、三宮神社が七社あります。そのご神体は神像ではなく、なんと虚空蔵菩薩なのです。専修寺の境内の南側に接した位置にも三宮神社があります。このご神体も、むろん江戸時代に造立されたと推定される金色に輝く虚空蔵菩薩です。

一方、北関東では星に対する信仰も強かったのです。江戸時代に、江戸の町で盛んであった千葉周作の北辰一刀流は、北極星（北辰）を守り神とした剣術の流派でした。

また明けの明星に対する信仰も強くあり、その明けの明星を神格化した明星天子も崇拝されていました。そして明星天子は虚空蔵菩薩と同体とされていたのです。弘法大師空海が四国の室戸岬の洞窟内で虚空蔵求聞持法の修行をしていたところ、明けの明星が口の中に飛び込んだという神秘体験はよく知られています。虚空蔵求聞持法は記憶力を増大するための修法で、荒行です。

(3) 親鸞、高田地方に入る

高田地方の伝えによれば、嘉禄元年（一二二五）、『教行信証』を執筆した翌年、親鸞は十数キロ離れた常陸国稲田から常陸・下野の国境の山々の山腹を歩いて高田にやってきました。到着した時は夜で、泊まる所もなかったので、路傍の大きな平らな石（のちに般舟石と呼ばれるようになりました）の上に座り、静かに念仏を称えていたそうです。すると、明けの明星が東の空に輝き始めたころ、一人の少年が傍を通りかかり、次のように歌って去ろうとしたといいます。

白鷺の池のみぎわには、
　一夜の柳枝青し。
般舟の岩磐の南には、
　仏生国の種生いぬ。

「中国の仏教の霊地である白鷺池の岸には、柳が一夜で青々と育ちました。仏菩薩に会える大きな岩の南側では、インドから伝えられた菩提樹の種が育っています」。

親鸞はその少年を急いで引き止め、「あなたはどなたですか」と尋ねたところ、「私は明星天子である。ここは昔釈尊が教えを伝えた霊地だ。そのような尊い縁のある地で、そなたも教えを広められよ」と答え、手にした菩提樹の種と柳の小枝を親鸞に渡して去りました。親鸞は、こんな所で大丈夫かなと思いながらも、周囲の沼地に菩提樹の種を蒔き、柳の小枝を挿してしばらくうとうととしました。そのうちにはっと目が覚めると、もう太陽はさんさんと照っていました。菩提樹の種は芽を出し、柳は青々として、いずれも大きな木に育っていました。そして親鸞はそこに専修寺を建立し、念仏を広めました。以上のように専修寺および高田地方では伝えています。

この話は、親鸞が高田へ来て虚空蔵信仰と明星天子信仰を守っている人々と話し合いがつき、念仏を広めることができたのであろうことを示しています。

実際には、親鸞は大内氏の菩提寺を訪ね、若い真仏が対応し、やがては専修念仏を広めることができたということだったようです（真岡市史編さん委員会編『真岡市史第六巻　原始古代中世通史編』真岡市、一九八七年）。

⑷ 親鸞の真仏への教え

親鸞の教えを受けた真仏は娘婿の顕智とともに親鸞に尽くし、親鸞が帰京したのちも交流を続けました。親鸞の真仏宛の正嘉元年（一二五七）十月十日付書状には、次のように『華厳経』にある文について説明し、指導しています。

『華厳経』（入法界品・意）にのたまはく、「信心歓喜者与諸如来等」といふは、

「信心よろこぶひとはもろもろの如来とひとし」といふなり。

『華厳経』に『信心歓喜者、与諸如来等』と言っておられるのは、阿弥陀仏から信心を恵まれてうれしく思う人は、仏がたと等しいという意味です」。

親鸞が京都へ帰ってからは、門弟側に教義上いろいろな疑問が湧いてきて質問しても、親鸞の返答を聞くのは手紙で早くても一ヶ月近くかかるでしょうから、なかなか大変なことではあったでしょう。

後年、九十歳で京都で亡くなった親鸞の葬儀を取り仕切ったのは、娘の覚信尼と高田の顕智でした。顕智は真仏のあとを継いで高田門徒の指導者になっていました。

14 順信――二十四輩第三

(1) 鹿島郡と鹿島神宮

ここでは二十四輩第三とされる順信房信海（じゅんしんぼうしんかい）を取り上げます。順信は、常陸国の東南部にある鹿島郡を本拠にした鹿島門徒の、最初の指導者です。

鹿島郡は太平洋に面し、現在の茨城県の中部から南端までの鹿島灘（かしまなだ）に接する南北七十キロ、東西十キロほどの細長い郡です。鹿島神宮があることで知られていました。現在では市町村の合併によって「鹿島郡」の名は完全に消滅してしまいました。関わりのある地名としては、「鹿嶋市（かしまし）」のみが存在しています。

平成七年（一九九五）に鹿島郡鹿島町が同郡大野町を編入して市制を施行しようという時、市の名称として「鹿島市」を希望しました。それは鹿島神宮があり、人気スポーツであるサッカーのチーム・鹿島アントラーズがあったからです。しかしすでに九州佐賀県に「鹿島市」があり、それは実現しませんでした。代わって古代から使うこともあった「鹿嶋」の文字を使用して「鹿嶋市」として現在に至っています。

鹿島郡は東側が太平洋に面しています。そのあたり一帯を鹿島灘といいます。鹿島灘は太平洋の北から下って来る親潮（寒流）と南から上って来る黒潮（暖流）がぶつかるので、プランクトンが豊富、さまざまな魚が豊富に獲れる地帯です。塩焼き（製塩）も盛んに行なわれました。その塩を売って大もうけした文太（ぶんた）という身分の低い者がいました。彼の娘二人は京都に上って天皇の中宮と関白の北政所（きたのまんどころ）（正妻）となり、文太は文正（ぶんしょう）と名乗って一家で栄えたそうです。この話は『文正草子（ぶんしょうぞうし）』として全国に広まりました。安土桃山時代から江戸時代に広まった話です。

鹿島郡には古代から鹿島神宮がありました。鹿島神宮は、鹿島郡のみならず、関東地方一帯の聖界（せいかい）・俗界（ぞくかい）にわたって大勢力を有していました。鎌倉幕府が成立した時、源頼朝は各地の大神社に神領を寄進して援助を頼みましたが、真っ先に寄進したのがこの鹿島神宮でした。この郡そのものも鹿島神宮の運営費用を賄（まかな）う郡、いわゆる神郡（しんぐん）として成立しました。神郡は伊勢神宮（いせじんぐう）や出雲大社（いずもたいしゃ）などわずかな神社にしかありません。

鹿島神宮の祭神である武甕槌大神は、海上交通の守り神であるとともに、軍神でもありました。また鹿島は朝廷の権力者藤原氏の祖藤原鎌足の出身地であるため、朝廷からも尊崇されていました。

(2) 鹿島神宮の神主順信

鹿島神宮の神官の一人として活躍していたのが順信です。俗名は大中臣信親でした（他の説もあります。系図によって名が異なることもあります）。当時の神官とは、現代の私たちが想像するような神主さんとは異なります。彼らは武士であって神社を経営する権利を持っている人というのが正確な姿です（貴族の場合もあります）。鹿島神宮の神官の最高位の役職は大禰宜と大宮司です。この二つの役職は、いずれも京都の摂関家の直接任命でした。摂関家とは藤原氏の中で摂政や関白を出す家柄のことです。前述したように、親鸞の伯父の日野宗業は関白の藤原（九条）兼実にその学識を大変褒められていましたし、恵信尼の父三善為教は兼実に家司として仕えていました。

ただ平安時代末期になると、平将門や平忠常を出した大豪族の常陸大掾氏が進出してきて、鹿島氏を名乗りました。鎌倉幕府も関係の武士を送り込んできました。むろん摂関家も勢力を維持しようとして、勢力関係が複雑になりました。

(3) 順信、親鸞に入門

このような中で順信は親鸞のことを知りました。それが鹿島においてであったのか、あるいは稲田であったのかは不明です。そして親鸞が鹿島神宮を訪ねたのは親鸞五十四歳の時であったと鹿島では伝えています。江戸時代に多数発行された親鸞遺跡巡りの本である『二十四輩順拝記』なども、一様にそのことを伝えています。

従来、「親鸞は『教行信証』執筆の参考文献を読むために鹿島神宮へ来て、関係の文献を漁り、読んだ」とされてきました。しかし実際のところ、現在に残されている史料や言い伝えによる限り、親鸞が初めて鹿島神宮を訪れたのは『教行信証』を書いてから二年後だったのです。

親鸞の教えを受けた順信は、『歎異抄』にも相当するような『順信の聞書』という書物を残しています。親鸞から聞いた教えを書き記したものです。鎌倉時代後期（十三世紀後半から十四世紀初頭）の写本が残っています。これは性信の『真宗の聞書』

と同じ性格の書物です。

また順信は次の和歌を読んだと伝えられています。

鹿島灘　西へこぐさの　浪に風
身をまかさるる　法の神風

「鹿島灘を西の極楽浄土に向けて舟を漕いでいます。波が高く、風も荒れていますので、どうなってしまうか不安です。でも阿弥陀仏の本願におまかせすれば、確実に極楽へ往けるので安心です」。

⑷ 親鸞の遺族を守る

親鸞は弘長二年（一二六二）に亡くなりました。数人の門弟たちが遺族の生活を心配して援助していた気配です。十八年のちにもなりますが、順信や高田の顕智らは連名で、覚信尼が住む大谷で毎月二十七日に行なわれている念仏会の念仏衆に、念仏を怠らないように要請しています。それを要請した書状の最初に、

> 御念仏衆之中に申さしめ候。抑国々の故上人之門徒人々、毎月廿七日御念仏用途、乏少たりと雖も、相はげみ候の処、時々闕怠の由、歎き存じ候。

「御念仏を称えてくださる方々に申し入れます。さて諸国の親鸞聖人の門弟の者たちは、毎月二十七日の御念仏のお礼を、少ないですけれども心を込めて差し上げています。でも、時々称えるのを怠っておられると聞き、嘆いております」などとあります。

また二年後の弘安五年（一二八二）十一月二十四日には、親鸞の孫の覚恵に手紙を送りました。その書き出しには、

一日けんざんにまかりいりて候し事、よろこびいりて候。

「先日、訪問させていただいたこと、うれしく思っております」などと、親しく交際していることが示されています（拙著『親鸞と東国門徒』吉川弘文館、一九九九年）。

15 山伏弁円――板敷山でのいきさつ

⑴ 噂の弁円

山伏弁円が親鸞の門弟になった経緯については、次のように言われてきました。すなわち、「親鸞が関東で布教していた時、多くの人が門弟になりました。それを不快に思った山伏弁円は親鸞を殺害しようと板敷山で待ち伏せました。しかし何回待ち伏せしても、親鸞に出会えませんでした。それで稲田草庵に押しかけますと、親鸞はすっと何気ない様子で現われました。弁円は感動し、泣いて今までのことを後悔し、親鸞に帰依しました」ということでした。これは『親鸞伝絵』に記されていることをもとにしています。

でも、たった一回会っただけですぐに泣くほど後悔し、親鸞に帰依ということになるか？　これは必ず親鸞が弁円に何時間も諄々と念仏の教えを説いたに違いない。それで説得された弁円が親鸞の門に入ったのだ。このように疑問を持つ人もいます。実際はどうだったのでしょうか。

⑵ 山伏とその頭領弁円

山伏（山臥）は、険しい山に入り、滝に打たれ、地に臥して眠り、虫に食われ、また経文を唱え、山の霊気を身に付けようとする修験道の修行者のことです。彼らは修行成ると山を下って里に出、得た山の霊気で病人を救い、安産をもたらし、畑の害虫を追い払って作物の実りを豊かにし、人々に幸せをもたらそうとしました（和歌森太郎『修験道史研究』平凡社、一九七二年）。勘違いしてはならないのは、山伏は基本的に善意の人たちであるということです。当然、救われた人々はお礼を差し出します。山伏はそれで生活します。さらに、山伏には縄張りがあって、それを霞といいました。

修験道は、険しい山には霊気があるとする山岳信仰と、厳しい修行によって大日如来と一体化し、その力によって人々を救うことができるとする真言宗（密教）とが合わさったものです。

弁円は常陸国北部の楢原谷（茨城県常陸大宮市東野楢原）を本拠とする山伏でした。

弁円ゆかりの板敷山大覚寺（だいかくじ）（茨城県石岡市大増）の伝えによれば四十人の配下を抱えていたといいます。この人数については明確ではありませんが、『親鸞伝絵』の弁円が親鸞を待ち伏せする場面の絵からは、少なくとも弁円は配下のいる頭領（とうりょう）であったと推定させます。

親鸞の説く念仏は、すぐさま病気を治してくれるものではないし、直接安産にさせてくれるものでもありません。まして畑の虫を追い払ってくれるものでもありません。しかし、しだいに人気が出てきた気配です。なぜだろう。それに、霞を取られてしまったら自分たちの生活にも関わる。では殺害してしまえ！　と単純に言うことでは頭領の役割が果たせないでしょう。必ず親鸞の説く念仏を調べたはずです。その上で、やはり「殺害してしまおう」ということになったのではないでしょうか。

それらのことについて、『親鸞伝絵』下巻第三段に次の文があります。

> 一人の僧〔山臥と云々〕ありて、ややもすれば仏法に怨（あだ）をなしつつ、結句害心（けっくがいしん）をさしはさみて、聖人をよりよりうかがひたてまつる。

「一人の僧〔山伏ということだそうです〕がいて、どうかすると親鸞の念仏を憎んでいましたが、結局親鸞を殺害しようということになり、時々親鸞の様子をひそかに調べていました」。

その結果、板敷山で部下と一緒に待ち伏せしようということになったのです。

　聖人板敷山といふ深山をつねに往反したまひけるに、かの山にして度々あひまつといへども、さらにその節をとげず。つらつらことの参差を案ずるに、すこぶる奇特のおもひあり。よつて聖人に謁せんとおもふこころつきて、禅室にゆきて尋ねまうすに、

「親鸞聖人は板敷山という名の深い山をいつも往復されていることがわかり、その山で待ち伏せをしていたのですが、まったく出会うことができませんでした。よくよくこのおかしなことを考えてみると、『出会えない』ということが、どうも何か私にとってよいことがあるのではないかと思えるようになってきました。そこで親鸞聖人にお目にかからせていただこうという思いが起こり、稲田草庵に行って訪いを入れました」。

この『親鸞伝絵』記述の話には二、三、客観的観点から見て、理解しがたいことがあります。

それは第一に、板敷山は深い山ではないということです。稲田草庵付近から南の常

陸国府や鹿島神宮等へ行くには、稲田のすぐ南にそびえる吾国山を、必ず西の方からとても低い丘を迂回して通らなければなりません。それが稲田付近からの幹線道路でした。その低い丘こそ、板敷山でした。とても低い丘なので、現在の茨城県のいろいろな地図には「板敷山」という山名は、まったく記入してありません。「板敷山」は浄土真宗だけに有名な山、ということになります。もっとも、板敷山には大きな杉や樫・櫟などいろいろな木はたくさん生えています。何もないということではありません。

そうであっても、弁円一人でも、あるいは弟子複数人を使ったらなおさら、幹線道路を歩く親鸞を発見できないことはありません。これは現地を見ればわかります。では弁円はなぜ親鸞を発見できなかったのでしょうか。

第二は、弁円の本拠である楢原谷から山を南方へ三十キロ近く進むと板敷山に至ります。途中、茨城県北部の大河那珂川を渡らなければなりませんが、それは舟を使えばよいので問題ではありません。問題は、楢原谷から山伝いに二十二キロばかり来た所に稲田山があることです。そこに稲田神社や親鸞の草庵があるのです。さらに八キロ進んで板敷山に到着します。なんと『親鸞伝絵』によれば、弁円は楢原谷から二十二キロ歩いて稲田草庵のすぐ近くに到り、そこから山伝いに八キロ歩き、いつ来るかわからない親鸞を待って「まだ見つからない、まだ見つからない」とつぶやいていたのです。

それなら、親鸞を殺害しようと思うなら、弁円は親鸞を直接稲田草庵に襲えばいいではありませんか。親鸞は武器など持っていないのですから、夜にでも襲えば間違いなく目的を達することができるでしょう。

しかし弁円は板敷山で待ち伏せし、会えず、「もしかしたら親鸞は私に何か特別によいことをもたらしてくださるのではないか」という気持ちが湧き上がり「お目にかかろう」と思い始めました。それが「謁せん」という敬語で示されているのではないでしょうか。

(3) 親鸞の人柄に惹かれた弁円

弁円が自分の命を狙っているというのは、当然親鸞も知っていたことでしょう。いろいろな情報を仕入れていなければ、十分な布教はできません。親鸞は自分を警戒していたはず、と弁円は思っていたでしょう。ところが、『親鸞伝絵』によると、稲田草庵に訪ねていった弁円に対し、親鸞は思いがけない態度で現われました。

上人左右なく出であひたまひけり。すなはち尊顔にむかひたてまつるに、害心たちまちに消滅して、あまつさへ後悔の涙禁じがたし。

「親鸞聖人は何のわだかまりもなく、すっと出てこられました。そこで聖人のお顔を拝見すると、弁円は聖人を殺害しようとした気持ちがすぐさま消え、その上、ああ私が悪かったという後悔の涙が抑えても溢れてきました」。

何のわだかまりもなく、すっと出てきた親鸞。これこそ「如来——来たるが如し」という、生まれたままの、ありのままの姿ではないでしょうか。弁円は親鸞に如来すなわち仏を見たのです。弁円は、専修念仏のことはすでに調べてあるし、この場でくどくどと聞くまでもないでしょう。「この人なら自分の一生を託せる」。弁円は心の底から感動し、今までの山伏の生活を捨てて念仏の行者になる決心をしたのです。そして親鸞から明法房という法名を与えられました（『七十九歳の親鸞——山伏弁円・平塚の入道の没——』自照社、二〇二三年）。

⑷ 念仏者の手本となった弁円

こうして弁円は熱心な念仏の行者になったのですが、建長三年（一二五一）十月十三日、親鸞に先立って亡くなりました。親鸞は七十九歳でした。この時の親鸞の門弟宛の書状に、次のようにあります。これは、従来から問題になっていた造悪無碍の問題につき、親鸞が本格的に乗り出して鎮めなければと思い始めたころの書状です。

> なにごとよりも明法御房の往生の本意とげておはしまし候ふこそ、常陸国うちの、これにこころざしおはしますひとびとの御ために、めでたきことにて候へ。（中略）明法房などの往生しておはしますも、もとは不可思議のひがごとをおもひなんどしたるこころをもひるがへしなんどしてこそ候ひしか。

「どんなことよりも、明法さんが正しく念仏を称えて極楽往生されたことこそ、常陸国の念仏者にとってとてもおめでたいことです。（中略）明法さんなどが極楽往生されたのも、もともとは異様な、間違ったことを考えていた心を改めて念仏の道に入ったからですよ」。

明法房（弁円）は常陸国の念仏者の手本、と親鸞が褒め上げるほど弁円は念仏一筋に生きたということです。

16 『歎異抄』の唯円

(1)『歎異抄』の著者唯円

唯円は『歎異抄』の著者として有名です。『歎異抄』は親鸞の説いたことを書き残しておくことが目標の書物です。ただ、現代でこそ書物には著者の名前を記すことが普通ですが、昔は必ずしもそうではなかったのです。現代では著作権のことがありますので、はっきり書いておかないと中身を他人に盗まれてしまうという問題がありますす。また出版・販売で利益を得るためにも、やはり著者の名を書いておかないと後々に問題が起こります。

しかし鎌倉時代には出版で金銭的利益を上げようという感覚はありませんでした。自分の気持ちを書き残しておこうというのが執筆の動機でした。やがて江戸時代になって木版刷りの印刷が盛んになり、それによって金銭的利益を上げようという風潮が強くなっていくと、「著者は誰?」ということが重要になります。木版刷りの印刷そのものは、すでに鎌倉時代あるいはそれ以前からありましたが。

『歎異抄』には著者名が記されていません。しかし、いかにも親鸞と親しいように「唯円」の名が二ヶ所に記されていますので、唯円が著者ではないかと推定されています。他にも人名の記入はありますが、そっけない形で書かれていますので問題にはされていません。そのことも含めて、『歎異抄』の著者は唯円、ということになっています。

写本で伝えられた『歎異抄』は、現在知られている限りでは、本願寺の蓮如(れんにょ)が書写した本がもっとも古いのです(西本願寺蔵)。これは室町時代の文明(ぶんめい)十一年(一四七九)、蓮如六十五歳ころの筆跡と推定されます(岩波日本古典文学大系『親鸞集 日蓮集』)。古写本としては、次に戦国時代の永正(えいしょう)十六年(一五一九)の写本(大谷大学蔵)、同時代末期の写本が二本(龍谷大学蔵と大谷大学蔵)があります。

蓮如書写本で伝えられている『歎異抄』は、当初は現行本とは異なる構成の内容だったのではないかという説もあります(佐藤正英『歎異抄論註』青土社、一九八九年)。

⑵ 河和田の唯円

親鸞の弟子および孫弟子に「唯円」という名の人物が複数います。しかし覚如の『慕帰絵』に「常陸国河和田の唯円房」はとても教学に優れていたとありますので、『歎異抄』の著者は河和田に住んでいた唯円であろうとされています。現在の茨城県水戸市河和田町にある報仏寺の開基唯円です。

河和田町（水戸市には河和田町に隣り合った大字に河和田一丁目～三丁目がありますが、そこではありません）の付近は小高い丘で、泉が湧き、田の耕作に適していました。小動物もいてタンパク源も豊富だったはずです。また、そこを北に下ると桜川が流れていて、その川には秋に鮭（さけ）が遡（さかのぼ）ってきました。東側にはまっすぐに海に向かって塩街道が通っていました。鹿島灘からの海産物・塩を内陸部へ運ぶ商人たちが通った道です。つまり河和田の唯円は、武士・農民・猟師・漁師・商人たちと一緒の環境で生活していたのです。唯円が設けた念仏道場跡も「道場池（どうじょういけ）」として残っており、そこは彼らの心の安らぎの場であったと考えられます。ここには池があり、「道場池」が訛（なま）って？「ドジョウ池」と呼ばれてきたそうです。

報仏寺の寺伝によりますと、唯円はもと北条平次郎といい、無教養で荒々しい武士であったそうです。他方、唯円は京都の貴族出身で、血は繋がっていないのですが親鸞の孫にあたるという説もあるのです（江戸時代の版本『存覚一期記』の注）。

(3)『歎異抄』に見る親鸞の唯円指導

『歎異抄』第九章と第十三章には、親鸞が唯円を直接指導した話が載っています（拙著『親鸞と歎異抄』吉川弘文館、二〇一五年）。第九章にあるのは次の話です。

唯円が親鸞に、「念仏を称えても、身も心も躍り出すような強い喜びが湧いてきません。そんなことはないはずなのに。私は懸命に念仏を称えているのに、なぜなのでしょう」と尋ねました。それから、「楽しかるべき極楽へ急いで往生したいという気持ちも湧いてきません。これもそんなことはないはずなのに。私は極楽往生を切望しているのに、なぜなのでしょう」という疑問と不安です。

ところが親鸞は、

親鸞もこの不審ありつるに、唯円房おなじこころにてありけり。

「私もそうなのだ、唯円君、君もそうだったのか」と答えて唯円を驚かせるのです。

その上で、

よろこぶべきこころをおさへてよろこばざるは、煩悩（ぼんのう）の所為（しょい）なり。しかるに仏かねてしろしめして、煩悩具足の凡夫（ぼんぶ）と仰せられたることなれば、他力の悲願はかくのごとし、われらがためなりけりとしられて、いよいよたのもしくおぼゆるなり。

「喜びが湧く気持ちを押しとどめて喜ばせないのは、心身を悩まし惑わす心の働きがあるからだ。でも阿弥陀仏はあらかじめそのことをご存知で、『あなたはあらゆる煩悩をすべてそなえている、自分の力では悟りを得られない人』と言っておられるし、阿弥陀仏の大慈悲の願いは私のためだったのだとわかって、ますます心強く思われる」と話しました。

「うれしくないと感じるからこそ、極楽往生は疑いないですよ」と逆説的な言い方で説いているのです。続いて親鸞は、「極楽浄土へ早く行きたいという気持ちが起きない」ということも同じことだと説明しています。

『歎異抄』第九条では、親鸞は優しく唯円を指導し、第十三条では厳しく指導しています。そこには、次のような会話があります。

「唯円房はわがいふことをば信ずるか」と、仰せの候ひしあひだ、「さん候ふ」と、申し候ひしかば、「さらば、いはんことたがふまじきか」と、かさねて仰せの候ひしあひだ、つつしんで領状（りょうじょう）申して候ひしかば、

「親鸞聖人から『唯円君は私の言うことを信じますか』と仰せがありましたので、『もちろんです』と答えました。すると、『それなら、私の言うことに嫌だとは言いませんね』とさらに仰せがありましたので、うやうやしく『言いません』と申し上げましたところ」、

「たとへばひと千人ころしてんや、しからば往生は一定（いちじょう）すべし」と、仰せ候ひしとき、「仰せにては候へども、一人（いちにん）もこの身の器量にては、ころしつべしともおぼえず候ふ」と、申して候ひしかば、「さてはいかに親鸞がいふことをたがふまじきとはいふぞ」と。「これにてしるべし。なにごともこころにまかせたることならば、往生のために千人ころせといはんに、すなはちころすべし。しかれども、一人にてもかなひぬべき業縁（ごうえん）なきによりて、害せざるなり。わがこころのよくてころさぬにはあらず。（後略）」

以上のような答えがあったというのです。親鸞は「人を千人殺しておくれ、それなら

極楽往生は確実と言われたら引き受けるかね」。それはできませんと唯円が答えると、親鸞は、「それならどうして私の言うとおりにすると言ったのだ。これでわかるだろう、人は自分の思うとおりのことができるわけではないのだ。それは因縁によって決まるのだ」と指導したのです。

普通、信じている師匠が「私の言うとおりにするかね」と弟子に尋ねたら、弟子は「はい、します」と言うでしょう。前述の「千人殺せ」という話は、かなり無理な問いかけのようにも思えます。が、唯円は自分と親鸞との間には親しい仲にも厳しさがあるのだと言いたかったようです。

こうして唯円は優れた人物になりました。

⑷ 覚如と如信・唯円

覚如は親鸞の曾孫にあたる人物で、弘安九年（一二八六）、十七歳の時に奈良の一乗院で出家しました。翌年、延暦寺や園城寺（おんじょうじ）、興福寺等での生活を打ち切り京都東山の自宅に帰りました。親鸞の教えを本格的に学ぶためです。この年十一月、奥州（おうしゅう）東山（ひがしやま）から親鸞の祥月命日（しょうつきめいにち）の法要のために上京してきた如信に親鸞の教えを受けてい

ます。『慕帰絵』第三巻に、

弘安十年春秋十八といふ十一月なかの九日の夜、東山の如信上人と申し賢哲にあひて釈迦・弥陀の教行を面受し、他力摂生の信証を口伝す。

「弘安十年春、十八歳の時の十一月九日の夜、東山の如信上人といわれる賢く道理に通じている人に会い、釈迦と阿弥陀の教えやその行動について直接の指導を受け、阿弥陀仏が摂め取って極楽往生させてくださることについての信心とその確証を口頭で教わりました」と記されています。

ところがさらに翌年の正応元年（一二八八）冬、覚如は同じ目的で上京してきた河和田の唯円にも会って指導を受けました。同じく『慕帰絵』第三巻に、

将又、安心をとり侍るうへにも、なを自他解了の程を決せんがために、正応元年冬のころ、常陸国河和田の唯円房と号せし法侶上洛しけるとき、対面して日来不審の法文にをいて善悪二業を決し、今度あまたの問題をあげて、自他数編の談にをよびけり。かの唯円大徳は鸞聖人の面授なり。鴻才弁説の名誉ありしかば、

「あるいはまた、ほんとうの信心を定めるためにも、さら私の理解をはっきりさせようと、正応元年冬のころに、常陸国河和田の唯円様という僧侶が上京してきた時、今

までよくわからなかった経典等の文章を解釈して、その結果をもたらす善悪の行為についてはっきりさせることができました。さらに新たにいくつものテーマで話し合いを何度か持ちました。あの唯円様は親鸞聖人が直接指導された優れた才能を持ち、もののごとの説明が上手であるとして名高いので、いっそう覚如の親鸞聖人理解が深まったということです」とあります。

17　北条泰時依頼の一切経校合

(1) 北条泰時と鎌倉幕府

親鸞が『教行信証』を書いた年（元仁元年、一二二四）には、鎌倉では大変なことが起きていました。それは、幕府を二十年余りにわたって強力に指導してきた北条義時が六十二歳で亡くなってしまったことです。『吾妻鏡』には死因について「脚気衝心」と記されています。鎌倉時代の「脚気衝心」は突然、何かの理由で心臓が止まってしまうことです。

朝廷軍を破り、後鳥羽上皇を隠岐の島に流して日本の支配権を手中にしてから、まだ三年目です。上皇は依然として日本国王の意識を失ってはいません。幕府が動揺しやすいこの重大な時期に、誰を義時の後継者として立てるか、幕府内では大きな問題になりました。

後継者の候補は、四十二歳の長男泰時、もと嫡子で三十二歳の次男朝時、この時嫡子である二十歳の四男政村が挙がりました。

結局、幕府の仕事の経験を二十数年にわたって積み、また承久の乱では総大将として東海道を攻め上って後鳥羽上皇を降伏させた泰時が、後継者と決定しました。そこには北条政子の強い支持があったのです。

翌年九月、政子が亡くなってしまいました。泰時の基盤は一挙に不安定になりました。すると泰時は幕府の役所群を頼朝以来の大倉山の麓（大倉幕府。鎌倉市雪の下三丁目）から鶴岡八幡宮の三の鳥居付近の若宮大路に面した宇都宮辻子に移しました（宇都宮辻子幕府。鎌倉市小町二丁目）。そしてそこはなんと宇都宮頼綱の屋敷のある所だったのです。頼綱は北条氏以外でもっとも信頼できる豪族だったということです。

さらに翌年は、泰時は孫の経時の妻に頼綱の孫娘を迎えています。ただし二人ともまだ二歳なので、婚約、ということでした。

そして年末、将軍就任含みで鎌倉に連れてきていた藤原（九条）三寅八歳を元服させて頼経と名乗らせ、第四代将軍に就任させせました。

⑵ 北条政子の年忌法要

他方、泰時は政子の葬儀を盛んに行なうとともに、翌年の嘉禄二年（一二二六）には一周忌、さらのその翌年の嘉禄三年には三回忌も盛大に行ないました。

葬儀および年忌法要（ねんきほうよう）を行なうことはもちろん宗教的なことが目的ですけれども、もう一つ重要な目的があるのです。それは仮に仲がよくない兄弟であっても、親の追善（ついぜん）供養（くよう）の法事といえば、集まらざるを得ないでしょう。また敵対する勢力の主催であっても、共通する旧主人の法事といえば、これも集まらざるを得ません。そこに会話が生まれ、あるいは同盟する機会が生まれるのです。すなわち法事は政治的事業でもあったのです。もちろん北条氏としては義時の年忌法要も行なっていますが、主催者は泰時の叔父で義時の弟の時房（ときふさ）でした。

こうして義時の法要は時房の主催、政子の法要は泰時の主催ということになれば、政子の法要の方が格上ということになります。政子は幕府初代将軍の後家（ごけ）・尼将軍（あましょうぐん）という立場ですから、執権よりも格は上、その供養の法要は国家的事業ということです。それを動かしているのが泰時ですから、葬式から年を追って年忌法要が続いていく限り、政治上の支配力も増していくということになります。

嘉禄元年（一二二五）七月十一日　政子没。盛大な法要。施主泰時。
嘉禄二年（一二二六）六月十四日　政子一周忌法要。三重塔建立。施主泰時。
　　　　　　　　　　七月十一日　政子一周忌のため一切経供養。
安貞元年（一二二七）七月十一日　政子三回忌法要。阿弥陀堂建立。施主泰時。

以後、政子のための一切経会が目立ち始めます。

⑶ 一切経の書写・奉納

一切経とは、そのような名称の経典があるのではありません。経典一切、すなわちすべての経典という意味です。もともと、「経典」とは「経＝釈迦の教えを記した書物」＋「律＝修行者の集団（サンガ）を維持するための罰則」＋「論＝経と律の解説書」、およびこれらに関する注釈書を合わせたものです。一切経は現代では大蔵経と呼ばれることが多いです。

インドで始まった仏教は二十以上の集団に分かれたようです。その中から、北方に伝わって中国や朝鮮を経て日本に伝わったのが大乗仏教です。また、それぞれの集団ではそれぞれの経・律・論すなわち一切経が大切にされ、目録も作られました。大乗仏教では五千数百巻が一切経として日本に伝えられたのです（京都仏教各宗学校連合会編『新編大蔵経――成立と変遷』法蔵館、二〇二〇年）。

中国や朝鮮では、一切経を書写して仏菩薩や寺院に奉納することは国家の安定のために大きな効果があると考えられていました。やがては印刷本も刊行されました。日本では鎌倉時代にあたる時、蒙古のために国土を三十数年も蹂躙された高麗（当時の朝鮮の王朝）では、戦禍の中で怨敵退散のために板に一切経を彫り込み、印刷する大事業を敢行しました。その事業は、日本の建長三年（一二五一）に完成しました。親鸞七十九歳の年です。これは高麗版一切経として知られおり、日本の『大正新脩大蔵経』の底本にもなっています。

一方日本では、一切経書写は国家安定のこともありますけれども、それは奈良時代からあり、主に身近な人の追善供養のためということでした。

ところで一切経を書写する場合、お手本の文字や文章が正しいかどうか、もし間違っていると判断した場合には正しい文字と文章をはっきりさせてから始めなければなりません。その作業が校合です。だいたい、経・律・論には原本が伝えられていません。可能な限り多数の写本や版本を集めて、原本に近いと判断される文字・文章の復元を行なうのです。写本・版本を作る過程で、どうしても写し間違いや誤字・脱字が生じてしまうからです。それに、勝手に文章を書き加えたりすることもありました。

校合のためには、「どれが正しい文字か。どれが正しい文章か」と判断できる能力が必要です。それを経・律・論合わせて五千数百巻について行なわなければなりません。よほど広い知識と識見がなければできません。北条泰時はその人物を探し回って親鸞に注目したのです。

(4) 泰時、一切経校合を親鸞に依頼

覚如『口伝抄』(乗専筆記本)に、「北条時頼の祖父武蔵守泰時が幕府の執権として政治を行なっていたころ、一切経を書写されました。その校合のために、悟りへの智慧を深く有しており、知識・識見も広く優れている僧侶を招こうと(中略)探した時、ある縁があって親鸞聖人を尋ね出しました(親鸞聖人が常陸国笠間郡稲田郷で歩き回っておられたころのことでしょうか)。親鸞聖人はその招きに応じられて、一切経を校合されました」とあります。

さらに京都・佛光寺に伝わる『善信聖人親鸞伝絵』（『親鸞伝絵』の一本です。室町時代前期に作られたものと推定されています）に、次の文があります。

　関東武州の禅門（ぜんもん）泰時、一切経の文字（もんじ）を校合せらるることありけり。聖人その選にあたりて文字章句の邪正（じゃしょう）をただし、五千余巻の華文（かぶん）をひらきて、かの大願をとげしめ給ひけり。

「鎌倉幕府の武蔵守北条泰時入道は、一切経を校合されたことがありました。親鸞聖人が文字や文章の正誤をただすために選ばれ、五千巻余りの奥深い経典をすべて検討し、泰時の大きな願いを達成させてあげました」。

こうして親鸞は一切経の校合を始めました。場所は恐らく宇都宮辻子の幕府の役所、あるいはその付近でしょう。横浜市戸塚区下倉田町・永勝寺（えいしょうじ）にはこの寺で親鸞が一切経校合を行なったという寺伝を持っています。また同様の寺伝を有している藤沢市の寺院もあります。両寺ともに戦国時代に戦火を逃れていったんは甲斐国（かいのくに）（山梨県）に移動していた、との寺伝も持っています。

では親鸞はいつごろから鎌倉に来て一切経校合を始めたのでしょうか。それを記した記録はありませんけれども、安貞二年（一二二八）、親鸞五十六歳か、その少し前からではないでしょうか。それは、この年から突然のように親鸞の足跡が相模国に見られ始めるからです。つまり北条泰時に招かれて一切経校合に従事し、あわせてその合間に相模国各地に念仏布教に歩き始めたのではないか、という推測です。

　また前年の安貞元年に政子の三回忌法要が終わっています。次の大きな年忌法要は、当時は十三回忌でした。さらに政子三回忌の直前に、その時の嫡子である次男の時実（ときざね）を十六歳で失いました。そしてただ一人残った男子で期待をかけていた長男時氏（ときうじ）も、寛喜（かんぎ）二年（一二三〇）に二十八歳で失ったのです。したがって泰時四十六歳の後継者は、時氏の長男でまだたった五歳の孫経時になってしまいました。

　泰時にしてみれば、政権維持のため、経時のため、御家人たちに常に鎌倉殿後家・尼将軍政子を思い出し、その庇護（ひご）のもとにあった泰時は大切にしなければと思い続けてもらうため、究極の効果のある追善供養を企画しました。それは一切経の校合とそれに基づく筆写です。いずれも長期間かかります。おそらく何年間もです。親鸞自身、鎌倉に詰め切りというわけにはいきません。稲田草庵を中心にする北関東の仕事もたくさんあったでしょう。長い時間をかけること。それこそ泰時の望むところです。早くでき上がってしまってはいけないのです。

従来、校合と筆写は大変だから多くの人で担当したのではないかという意見が強かったようです。しかし前述のように、御家人たちに長い期間、政子のご恩を思い出してもらうため、完成には長い時間をかけたかったのです。さしあたり、政子十三回忌法要の時期が目当てでしょう。

そして嘉禎三年（一二三七）六月十一日、政子供養の十三回忌法要が行なわれ、一切経の供養や阿弥陀堂の建立が行なわれています。泰時は将軍藤原頼経と御家人たちを、さらには京都滞在の御家人たちも呼び戻して出席させています。

翌年の暦仁元年（一二三八）、泰時は将軍頼経に従って上洛しました。その折の七月十一日、泰時は近江国の園城寺唐院に参詣し、鎌倉で完成させ供養した一切経を奉納しています。唐院とは平安時代以来、中国渡来の宝物を安置しておく所です。現在でも、園城寺でもっとも重要な場所の一つとされています。

こうして政治的な意味を強く持たせた、政子追善供養のための一切経校合と書写、寺院奉納が終わりました。事業開始から十一年ほど経っています。親鸞はすでに京都に帰っており、六十六歳になっていました。

18 親鸞、ただ一人で帰京

(1) 帰京の年齢

四十二歳から関東で布教活動を行なっていた親鸞は、六十歳の時、故郷の京都に帰ろうと、住んでいた稲田を離れて西に向かいました。『親鸞伝絵』下巻第四段に次のようにあります。文中、「東関（とうかん）」は現代の関東地方のことです。当時、「関東」とあれば鎌倉幕府のことでした。また「堺」（「境」でも同じです）というのは、地方あるいは地域という意味です。現代語の境目（さかいめ）という意味ではありません。「華城（かせい）」とは京都のことです。

> 聖人（親鸞）東関の堺を出でて、華城の路（みち）におもむきましましけり。ある日晩陰（ばんいん）におよんで箱根の嶮阻（けんそ）にかかりつつ、

「親鸞聖人は関東地方を出て、京都への道を進まれました。ある日、夕方になって箱

根山の険しい山道に入りながら」。

実は鎌倉時代や室町時代に、「親鸞は何歳で京都に帰った」と書かれた史料はありません。やっと江戸時代の享保十九年（一七三四）に成立した『大谷本願寺通紀』巻一に、

貞永元年、師六十、将に京に帰らんとし、行きて相州に至る（下略）。

「貞永元年（一二三二）、親鸞様は六十歳、さあ京都に帰ろうとされ、相模国まで行かれました（下略）」と出てくることになります。

茨城県内の寺院で、親鸞が帰京したことを伝える寺院は十ヶ寺ほどあります。そしてそのすべてが親鸞六十歳の時のこととしています。従来、六十二歳とか六十三歳で京都に帰ったと言われることが多かったのですが、やはり親鸞の帰京は六十歳であったとして考えていくべきではないでしょうか。

(2) 帰京の理由

では、親鸞はどのような理由で京都へ帰ったのでしょうか。従来言われていたのは、イ、五十二歳の時に執筆した『教行信証』を完成させるため、ロ、法然の手紙を

集めて『西方指南抄』を編むため、ハ、鎌倉幕府の念仏弾圧を逃れて、というどれかでした。

しかし右記のイでは、『教行信証』は関東では完成させることができないということになります。それは関東には必要な文献が揃っていないということが前提になります。しかし前述したように関東は荒野ではありませんし、大寺院・大神社も多いですから参考文献も多数あったはずです。現在では散逸した文献も多いので最初からなかったとはいえません。それに親鸞には現代人の感覚のような「完成させる」という意識があったか、どうか。

次に右記ロは、『西方指南抄』は親鸞ではなく、別人が編集したという説があります（『浄土真宗辞典』本願寺出版社、二〇一三年）。親鸞筆の『西方指南抄』は八十四歳以降のものしか残っていません。六十歳ほどで帰京してから二十数年後になってやっと『西方指南抄』ができ上がったというのは不自然です。

右記ハは、では自分は逃れることができても、門弟たちはそのまま残しておいてよいのでしょうか。親鸞はそのようなことはしないだろうという反論が生まれます。それに、幕府や朝廷では念仏そのものを弾圧するということはなかったのです（前述）。

「念仏弾圧を逃れて」という理由は成立しません。

ところで前記イ・ロの理由は、いずれも親鸞は九十歳まで生きたということが前提になっています。九十歳まで生きるということを親鸞自身が知っていただろうということです。「あの立派な親鸞聖人だから、六十歳から九十歳までの三十年間に向けて、きっと立派な目的を持って帰京されたに違いない」ということになります。

しかし親鸞自身が九十歳までの長生きをすると思っていたとは考えるべきではないでしょう。なにせ当時の平均寿命は四十二、三歳でしたから。親鸞は関東での布教の成功を見て、また幕府の執権にまで高く評価されて、もうそろそろ故郷へ帰りたいと思ったのではないでしょうか。

親鸞は家族とともに京都へ帰ったという見方もあります。しかし、子どもたち五人、一番年上の小黒女房は二十代半ば、二番目の信蓮房は二十二歳、その下は十八、九歳くらい、いずれも生活があり、家庭を持って配偶者(はいぐうしゃ)もおり、子どもがいる年齢でもあります。京都には親鸞の家や財産、仕事などまったくありません。家族十数人を引き連れ、どのようにして京都で生活するのでしょうか。

(3) 箱根権現に歓迎される

『親鸞伝絵』に、前掲の「聖人東関」に続けて「親鸞聖人は箱根権現の社の入り口に近づかれました。そのころは午前三時・四時ころになっていました。聖人が社務所に声をかけたところ、かなりの年配で立派な衣装を身につけた神官が急いで出てきて、次のように言ったのです。『私たち神官は巫女たちと一緒に権現に奉納する歌や舞を、夜を徹して行なっていましたが、私は疲れて眠くなり、一休みしてうとうととしていました。すると、

夢にもあらず、うつつにもあらで、権現仰せられていはく、〈ただいまわれ尊敬をいたすべき客人、この路を過ぎたまふべきことあり、かならず慇懃の忠節を抽んで、ことに丁寧の饗応をまうくべし〉と云々。示現いまだ覚めをはらざるに、貴僧忽爾として影向したまへり。なんぞただ人にましまさん。(下略)

その夢うつつのうちに箱根権現が出現され、〈私がとても敬い大切にしているお客様がこの箱根路を越えていかれる。そなたは必ず心を込めてお迎えをし、盛大にご接待しなさい〉とお告げをくだされ、そのお告げが終わらないうちにあなた様が突然姿を

現わされたのです。あなた様は尊いお方なのでしょう』」とご馳走をたくさん出して大歓迎したと、『親鸞伝絵』にはあります。

専修念仏の僧侶である親鸞が、神祇信仰の箱根権現に歓迎されるとはどういうことでしょう。また親鸞は、歓迎されることがわかっていて夜を徹して箱根神社に参詣している様子です。これはまたなぜでしょう。親鸞は神祇信仰に強い親しみの心を持っていたのでしょうか。しかし、それが理由ではないのです。それは箱根神社の領主（本所あるいは領家）はなんと法然の門弟で、親鸞の親しい兄弟子の聖覚だったからなのです。

⑷　箱根神社の支配者・聖覚

法然の吉水草庵の時から、聖覚と親鸞は親しく付き合っていました。これは、まず、親鸞が「浄土往生のためには信心が大切か、念仏を多く行なうことが大切か」という質問を法然の門弟たち三百人に投げかけた時、わずか数人しか親鸞と同様に「信心が大切」という考えに賛成しませんでしたが、聖覚はその数人の中に入っていたこと。承久の乱があった年（一二二一年）、聖覚は『唯信鈔』を執筆し、親鸞はこの書物を何度も書写して自分の弟子たちに与えていること。現存しているもっとも古い書写本は寛喜二年（一二三〇）、親鸞五十八歳の時のことです（前述）。

さらに、安貞元年（一二二七）、北条政子の三回忌法要が二度行なわれた時、聖覚はその二度目の三回忌の導師として鎌倉幕府に招かれていますから、親鸞は聖覚に会いに行った可能性もあるでしょう。

以上のような関係から、親鸞は帰京にあたってそのことを聖覚に手紙で知らせ、聖覚は「それならぜひ旅の途中、箱根神社で一休みしてください」と招いていたのではないでしょうか。親鸞はそのことを念頭に、必死に険しい箱根山を登ったのでしょう。箱根権現が親鸞を大歓迎したというのは、このことを背景にした挿話（そうわ）と考えることができます。

また、小田原市国府津（こうづ）には帰京の途中で親鸞が滞在したという伝えを持つ真楽寺（しんらくじ）や、念仏を勧めたという御勧堂（おすすめどう）の遺跡があります。さらに箱根より西の東海道には親鸞が短期間あるいは年という長い期間滞在したという伝えを持つ寺院がいくつもあります。

再びの京都時代

19 京都の専修念仏者たち

(1) 証空と西山義

親鸞が京都に帰った時には、法然が吉水草庵で専修念仏の教えを説き始めてから数十年経っていました。法然が貴族たちに評判がよかったこともあり、その念仏は京都を中心にして各地に広がっていました。法然の門弟や教えを受けた人は、名前がわかっているだけで三百人以上にも達しています。ただ、世の中の常で、法然の専修念仏は各門弟がそれまでの人生体験をもとに受け止め、展開させていました。そこで結果的に考え方が異なる派がいくつも生まれていきました。

親鸞が帰ったころ、京都でもっとも勢力があったのは門弟証空の一派でした。西山義と称されています。現在の浄土宗西山派に連なる宗派（門流）です。当時の有力な宗派には、他に法然の門弟弁長の鎮西義、幸西の一念義、隆寛の多念義などがあります。親鸞が親しかった聖覚は優れた唱導で有名になりましたが、大きな一派を形成した気配はありません。

以下、証空、幸西、隆寛、弁長とその門弟たちの様子を見ていきます。

証空は、親鸞誕生後四年目の治承元年（一一七七）に京都で生まれました。父は中級の貴族で村上源氏（村上天皇の子孫）の加賀権守源親季でしたが、九歳の時に同じく村上源氏ながら有力貴族の土御門通親から望まれてその養子になりました。通親は土御門天皇の祖父で、後鳥羽上皇の院政下で内大臣、院の別当（上皇の家政を取り仕切る役）を務めて絶大な権力を握った人物です。当時関白だった九条兼実と、その娘で後鳥羽上皇の中宮だった任子を朝廷から追い出しています。通親は、自分の政権維持の一員としての役割を証空に期待して養子にしたのです。

しかし証空は仏教界へ入る希望を抑えがたく、十四歳で出家し、やがて法然の門下となりました。

証空は学問的に非常に優秀で、法然が『選択本願念仏集』をまとめるにあたり、まだ二十二歳なのに兄弟子の感西とともに勘問の役を任されました。勘問の役とは、法然の意向に沿う文章を諸経典・諸教学書を検討して探してくる役です。よほど諸経典や解説書・研究文献に詳しくなければ務まらない役です。法然は感西や証空が選び出してきた文章を使って『選択本願念仏集』を書き上げたのです。

証空は、阿弥陀仏が五劫という長い間工夫を凝らし、今から十劫の昔に正しい覚りを得た真意をよく理解した上で念仏を称えるところに救いがあるとしました（拙著『時宗成立史の研究』吉川弘文館、一九八一年）。証空は、法然が選択した専修念仏を天台宗の学問体系で理解しようとしたのです。したがって証空の念仏には深い仏教の知識が必要でした。証空の著である『女院御書』に、

　念仏といふは、仏を念ずるなり。仏を念ずるといふは、その仏の因縁をしりて、その功徳を念ずるを、真の念仏とはいふなり。

「念仏というのは、阿弥陀仏を思い浮かべて願うことです。それは、阿弥陀仏がいかに人々のためを思って修行した結果仏になったとか、その功徳がいかに我々人間にとってありがたく大きいものであるとかをよく知って念仏を称えなければならないのです」とあります。西山義の教義体系は、仏教学の知識が豊富な貴族たちになじみやすかったといえます。

証空は、法然の没後の建暦二年（一二一二）に天台座主で大僧正の慈円から譲られ

て、西山・善峰寺（よしみねでら）の往生院に住みました。また証空は土御門家の出身で、二年前に退位した土御門上皇の叔父にあたりました。

以上のような教義体系のなじみやすさや人間関係もあり、西山義は京都の貴族社会で大きな勢力を持つ存在となりました。親鸞はその中に帰京したのです。自分の信仰の主張とは大きく異なることもあり、驚いたことでしょう。

証空が亡くなったのは宝治（ほうじ）元年（一二四七）ですから、親鸞帰京後十五年目でした。

(2) 幸西と一念義

幸西は長寛（ちょうかん）元年（一一六三）の生まれで、親鸞よりちょうど十歳の年上でした。出身は不明ですが、比叡山西塔（さいとう）で修行する僧侶でしたから、生まれは貴族か武士でしょう。農民は修行する僧侶にはなれません。

幸西は建久九年（一一九八）、三十六歳の時から法然の門に入りました。やがて幸西は、一回の念仏または一度阿弥陀仏に対する信心を起こせば極楽往生できるという、いわゆる一念義を説き、その中心人物として活躍するようになりました。

親鸞が越後に流された承元（建永）の法難（一二〇七年）では、幸西も阿波国（あわのくに）（徳島県）に流罪とされましたが、慈円に助けられて流刑地に行かずにすんだとされています（『歎異抄』流罪記録）。また法然没後の法難である嘉禄の法難（一二二七年）でも壱岐国（長崎県）に流罪となりました。しかし代わりに弟子が行き、幸西は讃岐国（香川県）にいたといいます。なぜ讃岐国だったのかは不明です。

京都において、幸西の一念義は証空の西山義に次いで勢力を有していました。

(3) 隆寛と多念義

隆寛は久安四年（一一四八）の生まれですから、親鸞より二十五歳の年上でした。父は少納言藤原資隆です。「少納言」は大納言・中納言と名称は似ていますが、朝廷での役割はまったく異なります。大納言・中納言は太政大臣・左右大臣・参議とともに天皇のもとで国の政治をする議政官（公卿）ですが、少納言は議政官の下で実務を扱う組織の一つである少納言局の一員にすぎず、従五位下に相当する官職でした。

ですから隆寛は栄えた家の出身ではありませんでしたが、関白九条兼実の弟で天台座主となった慈円と交流があり、息子の聖増を慈円の門弟にしてもらっています。

隆寛は法然に信頼され、元久元年（一二〇四）には『選択本願念仏集』の書写を許されています。同じく親鸞が許される前の年です。

隆寛は念仏の回数を重んじ、一日に数万回の念仏を称えることにより、臨終にその行ないが完成して極楽に往生できると説きました。いわゆる多念義です。しかし数量のみを重視する念仏ではありませんでした。それに衆生の側ではなく、弥陀の側に視点を置いていましたので、親鸞との関係を窺うことができます。また京都東山の長楽寺に住んだので、その念仏のあり方は長楽寺義とも呼ばれました。

隆寛は法然門下の理論的指導者の一人として知られていましたが、嘉禄の法難（一二二七年）では奥州に流されています。ただ実際には領送使（流人を流刑地に護送する役）の毛利季光の領地である相模国飯山（神奈川県厚木市）にとどまり、流刑地には代わりに門弟（息子という説もあります）を送りました。これは旅中に隆寛に心服して帰依した季光が、隆寛の老齢を心配したからでした。しかし、やはり隆寛は引いた風邪がもとでその年のうちに亡くなりました。八十歳でした。

隆寛は激しい性格だったようで、『選択本願念仏集』を非難した天台宗の定照の『弾選択』に対する反論『顕選択』を公にした際、その中で、

汝の僻破の中らざる事は、暗天の飛礫の如し。

「貴公の下手な非難は的外れで当たっていない。まるで暗闇に飛ばすつぶてのようなものだ」と手ひどく定照を罵りました。これが延暦寺で大問題になり、隆寛を含めた専修念仏者たちが流されるという嘉禄の法難となったのです（拙著『五十五歳の親鸞――嘉禄の法難のころ――』「関東の親鸞シリーズ」八、真宗文化センター、二〇一三年）。親鸞が帰京したころは、隆寛が亡くなって五年経っていました。

⑷ 弁長の鎮西義

弁長は応保二年（一一六二）の生まれですから、親鸞より十一歳の年上です。仁安三年（一一六八）、早くも七歳で出家しました。七年後には筑紫観世音寺で受戒して天台宗の僧侶になっています。寿永二年（一一八三）、比叡山に登って本格的な修行を開始しました。

建久八年（一一九七）、弁長は法然の門に入り熱心に学びました。弁長は、法然の書いた文献を門弟たちの中でもっとも忠実に読み込んでいたと評されています（浅井成海『法然とその門弟の教義研究』永田文昌堂、二〇〇四年）。

弁長は、阿弥陀仏の本願に対する信心をもとにし、ふだんから臨終に向かって怠り

なく念仏を称え、その臨終の時に平静な心・体で念仏を称えられれば極楽往生は確実としています。弁長の『浄土宗要集』に、

> 西方の念仏者の一大事の因縁は、命終最後の時の用心也。（中略）兼ねてより進みて以て臨終の時の用心を平生在世の時より且臨終の行儀を漸漸に心を練るべし。

「西方極楽浄土をめざす念仏者が、その手掛かりとしてもっとも大切にしなければならないのは、臨終の時の心の持ちようです。（中略）その時のために、ふだんから常に忘れずに臨終のための備えに気を配りましょう」とあります。

弁長は、親鸞が吉水草庵で学び始めた時にはすでに九州へ戻っていて、念仏布教に励んでいました。それで弁長の系統は鎮西義と呼ばれることになりました。なぜなら、当時、九州は「鎮西」と呼ばれることが多かったからです。

親鸞帰京の折には、京都において鎮西義の影響力はほとんどなく、弁長自身も親鸞六十六歳の嘉禎四年（一二三八）に亡くなりました。しかし鎮西義は弁長の門弟たちによってやがて鎌倉に入り、さらには京都にも入って、現在の全国にわたる浄土宗教団を作り上げています。

20 親鸞の沈黙と、活動の再開

(1) 三年間の沈黙

親鸞が帰京してからのことを、『親鸞伝絵』下巻第五段では次のように記しています。文中、「長安」は中国の前漢や唐の都で、現在の西安です。「洛陽」は後漢やのちの多くの国の都です。また扶風・馮翊とは、中国の都の右京と左京のことです。

> 聖人（親鸞）故郷に帰りて往事をおもふに、年々歳々夢のごとし、幻のごとし。長安・洛陽の棲も跡をとどむるに懶しとて、扶風・馮翊ところどころに移住したまひき。

「親鸞聖人は故郷に帰って昔のことを思うと、一年一年がまるで夢のようであり、幻のようでもありました。今の住所も門弟たちに知らせる気がしないと、京都の右京・左京各地を転々としました」。

親鸞は、家族と別れてまでも帰りたかった京都にたどりつきました。しかしその京都での生活ぶりを東国の門弟たちに知らせる気がしなかったのです。また、近い親族たちはどうしていたでしょう。親鸞の弟たち見てみましょう。

親鸞の弟は四人いました。『大谷一流系図』によれば、親鸞が僧位・僧職を得ていないのに弟全員が僧位または僧職を得ています。これは恐らく、親鸞流罪後、伯父宗業を厚遇する後鳥羽上皇に引き立てられたもので、長兄の親鸞はその引き立てに間に合わなかったということでしょう。

親鸞のすぐ下の弟の尋有の正確な生没年は不明です。『大谷一流系図』には、比叡山東塔の善法院の院主であったとあります。また権少僧都に任ぜられており、善法院僧都と号したともいいます。尋有は親鸞帰京時に健在で、京都市内の善法院を所有していました。

二番目の弟兼有の生没年も未詳です。『大谷一流系図』には、親鸞と同じように伯父範綱の養子となり、比叡山で修行をして権律師という僧職を得ています。父有範の出家後の住所の茅房を相続しましたので、茅房律師と呼ばれました。親鸞帰京のころに生存していれば五十代半ばです。

三番目の弟有意も生没年は未詳です。『大谷一流系図』に、僧位の法眼を与えられたとあります。

四番目の弟行兼の生没年も未詳です。『大谷一流系図』に、伯父範綱の養子となって本山派修験道の聖護院に入って修行し、権律師を与えられたとあります。兼有の指導も受けました。

(2) 活動の再開とその契機

親鸞が親しかった法兄で、『唯信鈔』の執筆者聖覚は、京都の安居院に住み、唱導の名手として知られていました。また天台宗の有力者でもあり、僧位として法印を、僧職として僧都を与えられていました。また青蓮院とも親しく、形は青蓮院領となっている荘園・寺院・神社合わせて七ヶ所（桜下門跡領と呼ばれました）の実質的な支配者でもありました。さらに四度も天台座主の地位に就いた青蓮院の慈円の強力な保護下にありました。

親鸞が帰京したころ、すでに慈円は亡くなっていましたが、聖覚は青蓮院の傘下である安居院に住み、感動的な唱導で引っ張りだこでした。

一方、親鸞は京都に帰っての生活も三年、気持ちも落ち着いてきたのでしょう。それが親鸞をして一ヶ所に住み着く気持ちにさせたようです。前掲『親鸞伝絵』下巻第五段に、親鸞が京都各地を転居して回っているとの記事に続いて、次の文があります。

五条西洞院（ごじょうにしのとういん）わたり、これ一つの勝地（しょうち）なりとて、しばらく居を占（し）めたまふ。

「五条西洞院（現在の京都市下京区平屋町）のあたりに、よい場所があると、当分の間住むことにされました」。

ところがそのころ、聖覚が亡くなってしまったのです。文暦（ぶんりゃく）二年（一二三五）三月五日のことでした。六十九歳でした。そこで親鸞は自分が信心の念仏を説く先頭に立たねばと決心したのでしょう。再び門弟たちと交流を深め、念仏を広く伝えていこうとしたのです。

前掲『親鸞伝絵』に続けて、

このごろ、いにしへ口決を伝へ、面受をとげし門徒等（もんとら）、おのおの好（よしみ）を慕ひ、路（みち）を尋ねて参集（さんじゅう）したまひけり。

「さきごろ、あるいはずっと以前に親鸞聖人に面会していただき、直接教えていただいた門弟たちが、それぞれ昔のことを懐かしみ、道順を尋ねつつ親鸞聖人の住居に集まってこられました」とあります。

(3) 遠方の門弟たちの指導①――信心を強調

稲田に住んでいる間には門弟たちと直接会うことも容易でした。でも関東と京都と、遠く離れてしまった現在ではどうしたらよいか。それは手紙などを送っての指導ということになります。親鸞はまず聖覚の『唯信鈔』と『聖覚法印表白文（せいかくほういんひょうびゃくもん）』を手掛かりにすることにしました。

親鸞は『唯信鈔』（ひら仮名）を書写し、文暦二年（一二三五）六月十九日の日付を書いて関東の高田門徒に与えました。聖覚没の三ヶ月後です。それが栃木県真岡市高田・専修寺旧蔵（三重県津市一身田町・専修寺現蔵）の『唯信鈔』です。

この高田門徒に与えた『唯信鈔』の存在は、二つの観点から重要です。第一は親鸞帰京後の最初の様子を知らせてくれて、あわせて布教活動の再開を知らしめてくれるということです。もっと早い時期に親鸞のそのような意思表示があったかもしれませんが、現存の確実な史料で見る限り、それは親鸞六十三歳の六月と見なさざるを得ません。

第二に、さまざまな専修念仏観がある中で、『唯信鈔』の説く「信」をもとに「信心の念仏」をあらためて強調したいという親鸞の意思が認められることです。

(4) 遠方の門弟たちの指導②――恩徳を強調

また親鸞は同じく六月十九日付で、聖覚が法然没後四十二日の法要で読み上げた「表白」を『唯信鈔』の奥に書いて高田門徒に与えました。それが『聖覚法印表白文』です。

法然の没は建暦二年（一二一二）一月二十五日でした。「表白」とは、何らかの法要に際し、その最初に読み上げる文で、その法要の全体像や目的を述べるものです。続いて「願文（がんもん）」が読み上げられます。その法要を行なうことにいかなる願いが込められているのかが示されています。

『聖覚法印表白文』は、まず、法然は「釈尊の使者」として「念仏の一門を弘め」、「善導の再誕」として「称名の一行を勧め」られたと書いています。続いて「念仏の一門」に次の文章があります。

無明長夜の大なる灯炬なり。何ぞ智眼の闇きことを悲しまむ。生死大海の大なる船筏なり。豈、業障の重きことを煩はむや。（中略）倩、教授の恩徳を思へば、実に弥陀の悲願に等しきものか。骨を粉にして之を報ずべし。身を摧きて之を謝すべし。

「法然上人が説かれた念仏の教えは、救われておらず、長く続いている夜の大きな燈です。どうして自分の眼が暗くて正しい道がわからないと悲しむ必要がありましょうか。また（念仏門は）迷いの大きな海に浮かぶ救いの船であり、筏でもあります。自分の背負っている罪が重すぎて船・筏が沈んでしまうのではないか、と悩まなくてもいいですよ。（中略）法然上人から教えられたご恩を思い返してみると、それはすべての人々を救いたいという阿弥陀仏の慈悲の願いに同じなのではないでしょうか。私たちは自分の骨が粉になるほど働いて法然上人にお返しをしましょう。さらに砕けるほど尽くして感謝しましょう」。

この『聖覚法印表白文』のうち、「恩徳」は正嘉二年（一二五八）、親鸞八十六歳の時に執筆した『正像末和讃』全五十八首の最後の恩徳讃のもとになっています。

如来大悲の　恩徳は

身を粉にしても　報ずべし
師主知識の　恩徳も
ほねをくだきても　謝すべし

「阿弥陀如来が人々を救ってくださる大いなる慈悲の恩徳には、体が粉々になってでもお返しをしなければなりません。釈尊や導き手のご恩にも、骨が砕けるほど懸命に働いてお返しをしましょう」。

親鸞は「恩徳讃」の作成に聖覚の文章を使っています。これは、まねをした、借り物だなどということではありません。奈良・平安時代から鎌倉時代において、自分の考えを主張する時には、経典なり古典なり、権威があると考えられていた書物の文をいろいろと引用して使い、そこに自分の考えを散りばめて主張したのです。

ですから、本来の意味からは変化することもあります。それは「読み替え」といって許されたのです。親鸞が生きていたのはそのような時代でした。「私はこう思う」と主張しても、それだけでは誰も耳を傾けない時代だったのです。

たとえば、「お互い、仲よくしようではないか、平和にいこうではないか」と強く説くだけでは効果がなく、聖徳太子の『十七条憲法』の第一条「和を以て貴しとなす」を使って「お互い、和を貴んでいこうではないか」と言えば相手が耳を傾けてくれるということだったのです。親鸞は聖覚が説いた言葉を使って自分の主張をしたということです。

また親鸞六十三歳の嘉禎元年（文暦二、一二三五）は、親鸞の孫である如信が生まれた年です。如信の父は善鸞です。では次に親鸞の妻子について見ていきます。

21 家族の生活

(1) 越後の恵信尼

親鸞が六十歳で京都に向かって旅立った時、恵信尼と子どもたち五人は常陸国稲田に残り、やがて越後国に移り住んだと推定されます。

恵信尼が親鸞帰京後に子どもたちと越後に住むようになったのは確実です。それはのちに越後から、京都に住むようになっていた娘の覚信尼に何度も手紙を送っているからです。おそらく、親鸞帰京以前に、恵信尼は父三善為教から越後にある領地を譲られていたのでしょう。そして親鸞帰京以前にも越後の領地から稲田へ年貢が送られてきていたことと推測されます。

鎌倉時代中期になると、京都を中心に為替（かわし）（現代の「かわせ」のことです）の制度が発達し始めます。為替なら年貢を現金に換え、さらに用紙一枚を地方に送り、地方の受取人がそれをまた現金化して受け取ることも可能です。便利で安全です。でもまだ越後国から常陸国稲田に送れるまでは普及していなかったでしょう。年貢を越後から信濃国・上野国等の山々を越えて稲田に運ばせるのは大変だったでしょうし、届かないこともあったでしょう。関東の門弟たちも、京都と稲田と、二ヶ所を経済的に援助するのは大変でしょう。結局のところ、恵信尼と子どもたちは確実に年貢を手にすることのできる越後の領地に引っ越したということです。

そして越後へ移住した恵信尼は、年貢収入の一部を京都の親鸞に送っていたものと推定されます。親鸞と恵信尼は京都と越後と住む所が分かれても、離婚したのではなく、ずっと夫婦であったのです。それは、親鸞が九十歳で亡くなった時、それを知らせた覚信尼の手紙への返事（恵信尼消息第一通）に、

> この文（もん）ぞ、殿の比叡（ひえ）の山に堂僧（どうそう）つとめておはしましけるが、山を出でて、六角堂に百日籠らせたまひて、

「この文書は、『殿』が比叡山で堂僧という役を務めておられましたころ、比叡山を下りて六角堂で百日のお籠もりをされて」とあることで判明します。「殿」は、夫を指す言葉だったからです。すなわち、親鸞と恵信尼は稲田で別れてからも三十年間夫婦

だったのです。

恵信尼は現在の新潟県上越市板倉区米増（よねます）がその墓所とされています。

次に恵信尼とともに越後に移っていた子どもたちを見ていきます。

(2) 越後の子どもたち

まず娘の小黒女房がいます。彼女は親鸞が流されていた時の越後で承元二年（一二〇八）ころに誕生し、両親・弟と一緒に常陸国に移りました。親鸞帰京の時は二十五歳くらいと推定されます。母や他の兄弟と一緒に、または別々に越後に移動し、小黒に住んだものでしょう。現在、新潟県上越市安塚区（やすづかく）小黒（こぐろ）があります。地域内を流れる川は小黒川（おぐろがわ）といいます。二人以上の子を残し、父親鸞より早死にしました。

また息子の信蓮房も同じく越後で建暦元年（一二一一）に誕生、両親・姉と一緒に常陸国に移り、親鸞帰京の時には二十二歳でした。法名が明信（みょうしん）、越後では栗沢（くりさわ）に住んだので、栗沢信蓮房と呼ばれていました。現在、新潟県上越市板倉区栗沢があります。

その次の息子の有房（ありふさ）は常陸で誕生、生没年は不明です。親鸞帰京の時は十八歳くらいと推定されます。『大谷一流系図』には従五位下に叙されたとあり、俗人として越後・京都を往復しつつ活動していたようです。やがて出家して法名を道性、通称を益方大夫入道と名乗りました。親鸞没の時には、京都に滞在していました。現在、新潟県上越市板倉区益方があります。

有房の次に生まれたと推定される娘の高野禅尼も常陸で誕生、生没年は不明です。親鸞帰京の時は十四歳くらいと推定されます。現在、新潟県長岡市高野町があります。

最後に、親鸞と恵信尼の間の五番目の子どもである覚信尼も常陸で元仁元年（一二二四）に誕生しました。この年は親鸞が『教行信証』を執筆した年です。俗名は「わう（「おう」と発音します）」です。親鸞帰京の時は九歳でした。やがて京都へ上って貴族の家に家女房として仕えることになります。当時、女性は十三歳になると大人扱いでしたから（結婚のことも含めて）、覚信尼が京都へ来て貴族の家に仕えたのは親鸞六十四歳以降のことでしょうか。

覚信尼が何歳で越後から上京してきたかは不明です。貴族の家に家の女房として仕えている中で従兄弟の日野広綱が通ってきて、息子の覚恵を産むことになります。また、さらに先のことですが、広綱が亡くなったのちに小野宮禅念と再婚し、息子の唯善を儲けました。それは親鸞が亡くなって四年後でした。

やがて覚信尼は禅念所有の敷地に親鸞廟を建立しています。禅念は親鸞を尊敬していました。でも廟建設の費用が出せないので、東国の門弟が出し合い、廟の所有者は東国の門弟となりました。

次は息子の善鸞です。

(3) 京都の善鸞

善鸞は親鸞の最初の子どもで、恵信尼とは別の女性との間に、親鸞が二十九歳か三十歳の時に京都で誕生したと推定されます。母の出身はおそらく親鸞と同じ程度の身分の貴族です。貴族であることは、まず、間違いありません。なぜなら善鸞は若いころ寺院に入って修行しています。修行のためには経典等に記されている文字が読めなければなりません。文字を読む勉強をさせてもらえるのはほぼ貴族に限られているからです。

親鸞が二十九歳の時に六角堂の観音菩薩から与えられたという夢告が、あまりに生々しく、これは親鸞が女性との交際に悩んでいたからであろうとの推測が以前からあります。それに恵信尼消息等で検討すると、善鸞は恵信尼とはまったく接点がありません。他の五人の子女にはあるのです。

また善鸞は恵信尼のことを「ままはは（継母）」として罵っている、と親鸞の消息にあります。いつの時代でも、実の母親と喧嘩（けんか）する時に息子が「この継母が！」と罵ったりすることはないでしょう。それでは喧嘩になりません。

さらに当時は一夫一婦制ではありませんし、特に結婚前の男女交際はずっと自由でした。恵信尼との結婚は、三十歳か三十一歳のころでしょう。親鸞に他の交際をしていた女性がいてもおかしくありません。ちなみに当時、妻が複数いた場合、正妻以外の妻（「妾（しょう）」といいました）の男女交際もかなり自由でした。それだけ女性の権利が強く、自立していた時代だったのです。

そのころは子どもは母親の家で育てられていました。善鸞は、親鸞が越後流罪の時には六歳前後で、越後には同行せず、そのまま母親の家で育ちました。越後や常陸に訪ねていった気配はありません。親鸞帰京の時に再会、ということになったでしょう。善鸞は三十歳くらいになっていました。

ではそれまで善鸞は何をしていたのでしょうか。『大谷一流系図』の善鸞の項には、「大蔵卿（おおくらきょう）、遁世（とんせい）して慈信房（じしんぼう）と号す」とあります。大蔵卿とは大蔵省の長官で、正四位下（しょうしいのげ）相当の官職です。日野家出身者なら不可能ではありませんが、父親鸞は官位・官職もなしで九歳にて出家、祖父有範も皇太后宮大進（従六位上）という低い官職で、しかも何らかの不祥事によって出家しています。伝統を重んじ、また少ない官職の取り合いで激しく争う貴族社会で、そのような者の息子または孫が大蔵省の長官になるのはとても困難です。

ただ『大谷一流系図』の記載から察せられることは、善鸞は宮内省の下級役人として勤務していたのちに出家したのだろうということです。

「遁世」というのは、僧侶が教団を離れて念仏などに自由に生きる、または俗人が引退・出家して自由に暮らす（寺院に入っても、入らなくてもよい）ことを意味しています。

やがて善鸞は再会した親鸞の教えを受けるようになりました。二人の関係は親密（しんみつ）でした。

(4) 京都の如信

前述したように、親鸞の孫の如信は嘉禎元年（一二三五）、まさに親鸞六十三歳の時に生まれています。そして『最須敬重絵詞』第一巻には次のように書かれています。

幼年の昔より長大の後にいたるまで、禅床のあたりをはなれず、学窓の中にちかづき給ければ、（下略）

「幼いころから成人しても、親鸞聖人の住まいを離れませんでした。聖人が読書・執筆しておられる部屋にも入られては」。

当時、結婚生活は妻が住んでいる家で行なうのが普通ですので、父親（親鸞）と息子（善鸞）と孫（如信）とが同居することは、まず、ありません。しかし当然例外もあります。どのような居住関係だったかわかりませんが、親鸞は幼い如信をかわいがり、如信もまた親鸞を慕っていろいろなことを教えてもらっていたのでしょう。

22 『浄土和讃』『高僧和讃』『唯信鈔文意』を執筆

(1)『教行信証』の書写を従弟の尊蓮に許す

六十三歳の親鸞が布教活動を再開したといっても、時に訪ねてくる門弟を相手にし、あるいは門弟から送られてきた手紙に返事を送るということでしょうから、すぐさま布教活動が盛んになったということではないでしょう。その中でも、仁治二年（一二四一）十月十四日、六十九歳で『唯信鈔』を書写して門弟に与え、同月十九日にも他の門弟に与えています。またその翌年には、上京してきた常陸国の門弟の入西の求めにより、絵師の定禅に自分の画像を描かせています（『親鸞伝絵』）。

さらに寛元四年（一二四六）には、また『唯信鈔』と、今度は隆寛の『自力他力事』を書写して門弟に与えています。『自力他力事』は、その最後が次の文章で結ばれています。

二心（ふたごころ）なく念仏するをば他力の念仏行者とは申すなり。かかるひとは、十人は十人ながら、百人は百人ながら、往生することにて候ふなり。

「阿弥陀仏に対する疑いの心なく念仏する人を、他力の念仏行者というのです。このような人は、十人いれば十人全員、百人いれば百人全員、極楽往生するということなのです」。

隆寛は多念義で知られていますけれども、前述のように親鸞は親しみを感じていました。

親鸞は京都で新しい門弟を得ました。それは出家名を尊蓮（そんれん）という親鸞の従弟でした。尊蓮は俗名を日野信綱（ひののぶつな）といい、親鸞の伯父で養父でもある範綱の息子でした。日野家の男子らしく儒学に優れていたようです。範綱の弟で後鳥羽上皇の信任を得ていた宗業は、息子がおらず、信綱を養子としてあとを継がせています。

信綱も朝廷で活躍し、『大谷一流系図』には従三位まで昇ったとあります。しかし一年ごとに公卿（従三位以上の官位の者、および参議以上の官職の者）全員の名を記してある『公卿補任（くぎょうぶにん）』には信綱の名は出てきません。実際には昇れなかったのでしょう。信綱の息子広綱（ひろつな）は、親鸞の娘覚信尼と結婚し、覚恵を儲けています。

やがて出家した信綱は親鸞に従って阿弥陀信仰を深く学ぶようになりました。親鸞は帰京後十五年目、『教行信証』執筆からは二十三年目の七十五歳の時、初めて尊蓮に『教行信証』の書写を許しました。ここに至るまで、多少の手直しをしたり、新しい内容を書き加えたりしていました。だいたいこれで『教行信証』の内容はほぼ思いどおりのことが書けたかな、という心境だったのでしょう。ただ実際には、そののち三、四年、まだ書き加えています。これは中国から新しく輸入された本のことを知り、それを見せてもらい、その中の文章を取り入れたもののようです。

⑵『浄土和讃』を執筆する

前述のように、平安時代の貴族たちにとって、「称名念仏」といえば「貴族自身が念仏を称えること」ではなく、「僧侶たちが念仏を称えるのを聴聞する」という意味だったのです。貴族たちは自分の念仏の行ないだけでは極楽往生できず、あくまでも出家修行者の指導によってのみ、それが可能だったのです。そして法然は念仏のみで救われると説きましたが、貴族をはじめとする在家の人々は「自分で念仏を称えるだけで大丈夫、極楽往生できる」とまで思い切ることはできなかったのです。それについては、「阿弥陀仏を信じ、心を込めて、回数には問題なく、念仏を称えれば救われる」親鸞の念仏を待たなければなりません。

親鸞が『浄土和讃』『高僧和讃』という、一般の人たちにもわかりやすい書物を執筆したのは宝治二年（一二四八）でした。法然没から三十六年後です。京都で再びの布教を始めた親鸞は、さらにわかりやすく人々に伝えなければと思っていたことでしょう。それが『浄土和讃』と『高僧和讃』の執筆です。そこに至るまでは『唯信鈔』を使っていました。

しかし『唯信鈔』も承久三年（一二二一）の執筆からもう二十七年も経ちましたし、社会も移り変わりました。便利に使っていても、さすがに親鸞は自分が書かなければと自覚したものでしょう。では『浄土和讃』『高僧和讃』の「和讃」とはどのようなものでしょうか。

和讃は日本語（和語）の偈頌（仏の功徳を讃える歌）のことで、七音と五音の句を順番に連ねていきます（これを七五調といいます）。この和讃は今様の形式を手本にしたとされています。

今様は平安時代から鎌倉時代に盛んだった流行歌のことです。恋愛だとか遊びだとか、俗世間的内容を扱った内容が多いのですが、信仰を扱った内容もたくさんあります。それらを後白河法皇が編集した『梁塵秘抄』が有名です。法皇は今様を歌うのが大好きで、若いころから夜を徹して歌っていたそうです。『梁塵秘抄』は法皇の今様の師匠である遊女の乙前（おとまえ）の持ち歌をまとめたものだと、法皇自身の『梁塵秘抄口伝集』に記してあります。

『浄土和讃』は浄土三部経その他の経典をもとにして、阿弥陀仏とその浄土である極楽浄土を褒め讃えたものです。高田の真仏の書写本には、百十八首が収められています。その最初には次の和讃があります。

弥陀の名号　となへつつ
信心まことに　うるひとは
憶念（おくねん）の心（しん）　つねにして
仏恩（ぶっとん）報ずる　おもひあり

「弥陀の名号である、南無阿弥陀仏を称えつつ、真実信心を得ている人は、如来の本願を憶念する心が常にあり、仏恩報謝の思いから、自然に念仏が称えられるのです」（黒田覚忍『浄土和讃』本願寺出版社、一九九七年）。

親鸞は、浄土を知るための前提としてまず大切なのは、信心と報謝であると説いているのです。

次は『高僧和讃』です。

(3)『高僧和讃』を執筆する

『高僧和讃』は、親鸞が真宗の祖師と定めて尊崇した七人の高僧を讃えた和讃です。まず『浄土和讃』で極楽浄土のすばらしさと信心と報謝の念仏の大切さを説き、それをもとにして活躍したインドから中国日本の僧侶たちについて語っています。その七人とはインドの龍樹・天親、中国の曇鸞・道綽・善導、日本の源信・源空（法然）で、この順にそれぞれをその事績や著作をもとにして褒め讃えています。

最初の龍樹については、「龍樹菩薩」として十首記されており、その第一首に次の和讃があります。

本師龍樹　菩薩は
『智度』・『十住　毘婆沙』等
つくりておほく　西をほめ

すすめて念仏　せしめたり

「本師龍樹菩薩は、『大智度論（だいちどろん）』や『十住毘婆沙論（じゅうじゅうびばしゃろん）』など、作って数多く西方極浄土を褒め、人々に往生浄土の道を勧めて念仏させられた」（北塔光昇『聖典セミナー三帖和讃II　高僧和讃』本願寺出版社、二〇〇〇年）。

また最後の源空については、「源空聖人」として二十首記されており、その第一首に次の和讃があります。

本師源空　世にいでて
弘願（ぐがん）の一乗（いちじょう）　ひろめつつ
日本一州　ことごとく
浄土の機縁　あらはれぬ

「本師源空聖人がこの世界に出られて、本願という唯一の乗り物を広めたので、日本全国ことごとくに、浄土の教えを聞く人々や状況が現れた」（北塔、同前）。

親鸞は八十五歳の康元二年（一二五七）かそれ以降に『正像末和讃』を作っています。この三つの和讃は合わせて『三帖和讃（さんじょうわさん）』と呼ばれています。それは南北朝時代からです。

『浄土和讃』と『高僧和讃』は、当時の人口の大多数である、いわば文字を知らない人々も覚えやすい今様のリズムで、わかりやすい内容を述べたものです。これに対する『正像末和讃』は、その今様のリズムに乗せつつも、教学の上でも家庭人としてもさまざまな経験を経た上で、仏教界や俗界に対して自分の信念を格調高く歌い上げたものです（豊原大成『三帖和讃ノート　正像末和讃篇』自照社出版、二〇一四年）。

(4)『唯信鈔文意』を執筆する

建長二年（一二五〇）、親鸞は『唯信鈔文意』を書きました。親鸞七十八歳、『浄土和讃』『高僧和讃』を執筆してから二年後でした。聖覚が『唯信鈔』を執筆してから三十年ほど経っていました。聖覚は『唯信鈔』で念仏と信の重要性について説明するために、「たとえば」として読者や話を聴く人にとって驚くべき身近なたとえ話を挙げたり、「世の中ではこのように言われていますよ」などという話の展開方法を使っています。

しかしそれから三十年、日本の支配者が貴族から武士に変わった驚きも、もうほとんど失せてしまっています。社会の常識や生活感覚も変わってきた可能性があります。『唯信鈔』の内容やたとえ話がわかりにくくなっている可能性もあります。そこで親鸞はあらためて『唯信鈔』の真意を示す必要があると判断して『唯信鈔文意』を執筆したのです。

親鸞は『唯信鈔文意』において、社会の風潮や常識といった生活感覚からの例をほとんど挙げていません。ひたすら、『唯信鈔』の解説の形をとりつつ、直接、繰り返し繰り返し専修念仏の妥当性（だとうせい）、正当性を説いています。『唯信鈔』の理解を三十年前に合わせて考えるのではなく、三十年後に少しずれてしまった人々の理解をもとに戻すように努力しています。そして親鸞は『唯信鈔文意』を次の文で結んでいます。

> ゐなかのひとびとの、文字のこころもしらず、あさましき愚痴（ぐち）きはまりなきゆゑに、やすくこころえさせんとて、おなじことを、たびたびとりかへしとりかへし書きつけたり。こころあらんひとは、をかしくおもふべし、あざけりをなすべし。しかれども、おほかたのそしりをかへりみず、ひとすぢに愚かなるものを、こころえやすからんとてしるせるなり。

「私の故郷のような東国の人たちは、文字の意味するところもわからず、卑しく、仏教のこともまったく理解していません。そこで彼らに理解してもらおうと思い、同じ内容のことを何度も書きました。内容がよくわかっている人たちからは冷笑されることもあるでしょう。馬鹿にされることもあるでしょう。でもそれは気にせず、目的はただ一つ、まったく知らない者に理解しやすすようにと書いたのです」。

しかし人間は、ある人の行動の意図を正しく理解したとしても、そのとおりに行動するとは限りません。すでに親鸞を困惑させるいろいろな問題が起きていました。

23 最晩年の激動

(1) 造悪無碍の風潮

『唯信鈔文意』を書いた翌年の建長三年（一二五一）閏九月二十日、親鸞は門弟に手紙を送って、

来迎は諸行往生にあり、自力の行者なるがゆゑに。臨終といふことは、諸行往生のひとにいふべし、いまだ真実の信心をえざるがゆゑなり。

「『来迎』という、浄土への往生を願う人の臨終に阿弥陀仏が迎えに来るという言葉は、さまざまな行を積んで往生しようとする自力の行者についていう言葉です。その『臨終』とは、いろいろな善を行じ、その功により、命が終わる時に浄土往生できるとする自力の人についていう言葉なのです。念仏へのほんとうの信心をいただいた人は、『来迎』や『臨終』は問題ではないのです」と、他力の念仏について、確認の指

導をしています。しかし、その他力の念仏に生きる人たちの中にも、やはり困った人たちがいました。

翌年の親鸞八十歳、建長四年（一二五二）二月二十四日付の書状に、次のような指摘があります。

往生をねがはせたまふひとびとの御中(おんなか)にも、御(おん)こころえぬことも候ひき、

「信心に基づく極楽往生を願っておられる人たちの中でも、心得違いの行動をした人もいるのです」。

さらには、

煩悩具足の身なればとて、こころにまかせて、身にもすまじきことをもゆるし、口にもいふまじきことをもゆるし、こころにもおもふまじきことをもゆるして、いかにもこころのままにてあるべしと申しあうて候ふらんこそ、かへすがへす不(ふ)便(びん)におぼえ候へ。

「煩悩をそなえている私をこそ阿弥陀仏は救ってくださると、心がしようと思うとおりに、体には、ほんとうはしてはいけないことを自由にやらせ、口にも、ほんとうは言ってはいけないことを自由に言わせ、心にも、ほんとうは思ってはいけないことを

自由に思わせ、まったく心のままに生きていいんだよと話し合っているというのは、どう考えても気の毒なことだと思うのです」。

　そしてついには造悪無碍と呼ばれるような、社会秩序を乱す乱暴な行ないをしてしまう門徒たちが多く現われるようになってしまったといいます。

　じつはこれは法然のころからの問題でもあったのです。法然はそれを鎮めるために『七箇条制誡』を示して多数の門弟たちに署名させました（前述）。しかしこのような問題は、その後も京都・鎌倉そして各地で専修念仏の門徒たちの間で断続的に発生していました。帰京後二十年、門弟たちからの苦情もあったのでしょう、親鸞もそろそろ関東での問題をなんとかしなければと決心した気配です。でも、高齢の自分では関東各地を歩き回って問題解決に当たるのは難しいと、息子の善鸞を自分の代理として送ることにしました。それは親鸞の八十歳過ぎ、善鸞の五十歳過ぎのようです。

⑵　東国の善鸞と門徒たち

　当然、親鸞は善鸞が信心と報謝の念仏を正しく理解していると評価し、信用していたということになりましょう。親鸞が善鸞の任務としたのは、関東で発生している誤った念仏を正しく訂正させ、門徒間の不穏な情勢を鎮めること、だったでしょう。ところがそうはいきませんでした。逆に門徒たちから親鸞にさまざまな苦情の手紙が舞い込んできました。いわく、あなたの息子の善鸞はけしからん。善鸞は「あなたがたの念仏は間違っている。私が父から伝えられた念仏はこんな内容だ（と、門徒たちと異なる教えを説く）」・「私は父から夜中にこっそり正しい教えを伝えられた。あなたがたは改めよ」などと説いて回っている。いわく、「それを聞いた大部中太郎（「平太郎」のこと）入道の門弟たち九十何人は、みな、中太郎を離れて善鸞の方に行ってしまった」。

それを伝え聞いた親鸞は、半信半疑でしたが、やがてほんとうだと知り、悲しみ、ついには義絶してしまった、というのです。親不孝者善鸞、というわけです。

ただ問題は、善鸞の行動や義絶を伝える史料は、親鸞の手紙数通に限られているのです。しかもその手紙は親鸞の書いた真筆（原本）ではなくて、すべて誰かが親鸞の書状とされているものを写したという写本なのです。

歴史の事実を明らかにするのにもっとも重要なのは真筆（原本）です。写本は、まず、正しく写してあるかどうか？　という問題があります。次に、写本と称して勝手な内容、すなわち嘘を書くことがあるのです。それに善鸞の問題の場合、善鸞側の史料、たとえば善鸞の弁解の言葉など、一切伝えられていないのです。いわば欠席裁判で有罪とされているのが善鸞です。義絶はほんとうにあったのでしょうか。

ところで覚如の次男従覚（じゅうかく）の『慕帰絵』第四巻に、次のようにあります。

> 慈信房はおほよそ聖人の使節として坂東へ差向（さしむけ）たてまつられけるに、真俗につけて、門流の義にちがひてこそ振舞（ふるま）はれけれども、神子・巫女の主領となりしかば、かかる業ふかきものにちかづきて、かれらをたすけんとや、あやしみおもふものなり。

「善鸞さんは、だいたいが親鸞聖人の使者として関東へ派遣されたのに、信仰生活・在俗生活いずれにおいても親鸞聖人の教えとは異なる振舞方（ふるまいかた）をされました。しかし神社の神官や巫女の頭（かしら）となりましたので、このような罪と悪とを多く背負っている者たちに近づいて、彼らを助けようとしているのだろうかと不思議に思うのです」とあります。

また『最須敬重絵詞』第五巻に、善鸞は次のようであったと記されています。文中、「外道尼乾子（げどうにけんし）」の「外道」は仏教徒から見た仏教以外の宗教です。「尼乾子」とはインドのジャイナ教の祖とされている人物で、優れた思想家でもありました。六外道（六人の優れた宗教家）の一人とされています。

初(はじめ)は聖人の御使(おんつかい)として坂東へ下向し、浄土の教法をひろめて、辺鄙(へんぴ)の知識にそなはり給けるが、後には法文の義理をあらため、あまさへ巫女の輩に交(まじわり)て、仏法修行の儀にはづれ、外道尼乾子の様にておはしければ、聖人も御余塵(おんよじん)の一列におぼしめさず、（下略）

「最初は親鸞聖人の使者として関東へ下り、念仏の教えの布教に当たり、片田舎の指導者になられましたが、のち、教えの内容を変え、その上、神社の巫女たちにも付き合ったりして、仏教修行の道に外れ、外道の尼乾子のようになってしまったので、親鸞聖人も門弟の一人とは思われませんでした」。『最須敬重絵詞』は覚如の高弟乗専(じょうせん)の著です。『慕帰絵』も『最須敬重絵詞』も覚如の伝記ですが、『慕帰絵』は乗専が従覚に勧めて執筆させたもの、『最須敬重絵詞』は『慕帰絵』の不足部分を補う意味で執筆されたもののようです。

『慕帰絵』と『最須敬重絵詞』を合わせ見るに、親鸞が善鸞を義絶したかどうか正確なところはわかりませんが、善鸞は関東の人たちの信仰の中に入り込み、その信仰を理解しながら彼らの心を救っていこうとしたようです。

ただし、『慕帰絵』第四巻に、覚如が若い時に常陸国の親鸞遺跡を巡っていたころ、ある大豪族が僧侶や尼を二、三百人、騎馬にて引き連れている場面に出会ったと書かれています。その中に善鸞もおり、次のような様子であったそうです。

かかる時も他の本尊をばもちゐず、無礙光如来の名号ばかりをかけて、一心に念仏せられけるとぞ。

「このような時も他の本尊を用いずに、無礙光如来（阿弥陀如来）と書かれた本尊だけを首からかけて、ひたすら念仏を称えておられたそうです」。善鸞は、「自分は父の意図を受け継いでいる」という気持ちだったのでしょう。

親鸞聖人が善鸞を義絶したかどうかは確定できないものの、善鸞は関東の信仰状況や人間関係に戸惑い、それでも人々を救おうという道に生きた、しかしそれは親鸞が善鸞を派遣した意図とは異なってしまい、むしろ関東の混乱を広げる結果になってしまったということは事実のようです。そして親鸞はそのことに悩み、苦しんでいました。

⑶　親鸞八十代の著書・書写多作

ところで、とても興味深く、また重要なことは、親鸞の著作が八十代前半から半ばにかけて急に非常に多くなることです。親鸞の著作・筆跡の点数を年齢に沿って数えてみると次のようになります（この項は、浄土真宗本願寺派　教学伝道研究センター浄土真宗聖典監修委員会編纂『浄土真宗聖典全書（二）』宗祖篇　上〈本願寺出版社、二〇一一年〉に基づいています）。ただし書状は除きます。

点数	年齢
0	1～28
2	29～35
3	36～60
9	61～80
0	81
4	82
9	83
14	84
15	85
3	86
2	87
2	88
0	89
0	90
合計63	

以上、親鸞は一生で六十三点の書物等を執筆・書写しています。うち、八十一歳までには合わせて十四点、全体の約二十二％にしか過ぎません。ところが八十二歳から八十六歳までの五年間では四十五点で全体の七十一％となります。しかもそのうち、八十三歳から八十五歳まででは三十八点で、なんと全体の六十％強、一生に執筆した

うちの五分の三はこのたった三年間で書いているのです。親鸞にとって何かがあったのだ、と考えて当然でしょう。それは善鸞の問題だろうというのが、善鸞義絶があったという意見の人と、なかったという意見の人、両方に共通した見解です。

少なくとも善鸞は親鸞が期待した関東での問題を鎮めてくるようにという指示を達成できなかったのです。しかも自分が長年教えた念仏とは異なる念仏を説き始めている気配もありました。

親しかるべき息子さえ説得できていない自分。それに息子が関東へ行くまでは説得できていると思っていた自分。愕然とした親鸞は、自分の若いころからの信仰生活が正しかったのかどうか深刻に振り返った気配です。そして振り返る方法として、新たに執筆する・以前に執筆した書物を書き写してみる・書きながら考える、という方法をとりました。その著書・書物は、八十三歳から四年間、わかっている限り次のとおりです。なお、書写本の中で、同じ年の同名の書物は省略しました。

八十三歳　新著『尊号真像銘文（そんごうしんぞうめいもん）』・『浄土三経往生文類（じょうどさんぎょうおうじょうもんるい）』・『愚禿鈔（ぐとくしょう）』・『皇太子聖徳奉讃（こうたいししょうとくほうさん）』

書写『一念多念分別事（いちねんたねんふんべつのこと）』・『浄土和讃（じょうどわさん）』・『浄土文類聚鈔（じょうどもんるいじゅしょう）』

八十四歳　新著『往相回向還相回向文類』
　　　　　書写『唯信鈔文意』・『念仏者疑問』・『西方指南抄』上末・『西方指南抄』中末・『八字名号』・『十字名号』・『六字名号』・『西方指南抄』下本・『西方指南抄』下末

八十五歳　新著『一念多念文意』・『大日本国粟散王聖徳太子奉讃』・『正像末和讃』・『如来二種回向文』・『上宮太子御記』
　　　　　書写『西方指南抄』上末・『西方指南抄』上本・『西方指南抄』中本・『唯信鈔文意』・『西方指南抄』下本・『浄土三経往生文類』・『西方指南抄』中末・『浄土文類聚鈔』・『一念多念文意』・『唯信鈔文意』・『如来二種回向文』

八十六歳　新著『尊号真像銘文』
　　　　　書写『正像末和讃』

⑷ 父子が生み出した宝物――現代の観点から

親鸞の時代には、まだ浄土真宗教団はありません。教団の教理や制度に従わなければならないということはありません。また父親がいかに優れた人物であるからといって、遠く離れた関東の実情に対応するためには、父の意向を受けつつも独自の考え方を生み出さなければ目の前の問題を解決できないこともあったでしょう。父親鸞も悩みました。その結果、八十代の前半の三年間で、一生の著書・執筆物のうちの六十％強、五分の三を生み出したのです。その前後の一年間ずつを加えれば、七十一％、四分の三近くを生み出したのです。これらはその後七百五十年におよぶ日本の人々の、さらには明治時代開始後ここ百五十年では世界の人々も含めての心の導き、ともしび、宝物となったのです。それは誰のおかげでしょうか。もちろん、それを書いた親鸞です。

しかし、もし善鸞がいなければ親鸞は安らかな最晩年、八十代を穏やかに過ごせたということになったでしょう。単純に計算して、その結果現代に残せた宝物は合計六十三点―四十五点＝十八点で、ほんのわずかな分量しかないことになります。つまり、善鸞がいたからこそ、親鸞は多量の執筆物を書くことになったのです。現代の人間にとっては、なんと善鸞は「親不孝者！」と罵られるべき存在ではなく、ありがたい存在と見るべきではないでしょうか。それは義絶があってもなくても問題ではないのです。親と子とは往々にして考えが異なることがあります。私たちの周囲を見ればそれは明らかでしょう。そして親鸞と善鸞の場合、苦しみの中で父と息子、親子で人類の宝物を作り出して後世に伝えたと言うことができるのではないでしょうか。

24 入滅

(1) 最晩年の生き方

最晩年、八十代の親鸞は、前述の善鸞のことも含めて静かな余生(よせい)というわけにはいきませんでした。その善鸞問題の最中ともいうべき八十四歳の時、五条西洞院あたりに住んでいた家が火事になってしまいました。それは建長七年(一二五五)十二月十日のことでした。親鸞はそのことを同月十五日付の高田の真仏宛の書状で次のように伝えています。

この十日の夜(よ)、せうまうにあうて候ふ。

「この十二月十日の夜、私の家が火事になってしまいました」。

その後、親鸞は弟尋有の坊舎である善法坊に移りました。その場所は平成二十年(二〇〇八)から西本願寺の飛地境内となっている、もとの角坊(すみのぼう)の地(京都市右京区山ノ内御堂殿町）であろうとされてきましたが、今日では京都市中京区柳馬場御池上ル虎石町周辺とする説が有力視されています（前掲『浄土真宗辞典』）。

またその火事のあった年の翌年には朝円法眼（ちょうえんほうげん）という絵師が親鸞の画像を描いています。それは『存覚袖日記（ぞんかくそでにっき）』の最後の方に「親鸞法師の真影（親鸞様のほんとうの姿）」とあることでわかります。現存する「安城の御影（あんじょうのみえい）」です。

さらにその記事により、親鸞が狸（たぬき）の皮の上に座っていること、置いてある草履と杖の上部には猫（ねこ）の皮が貼ってあること等も判明します。姿を生存中に描かせる（寿像（じゅぞう））ことは生命に害を与えるという風潮のあった時代ですから、親鸞はともかく依頼者に決心が必要だったことでしょう。なお、当時「法師」とは相手に敬意を払って言う言葉、すなわち敬称でした。

翌年、親鸞八十四歳の時には、越後にいる恵信尼が京都の覚信尼に下人七人を譲る証文（しょうもん）を送っています。するとこのころ、覚信尼はそれだけの下人を養える経済力を有していたということになります。

正嘉元年（一二五七、八十五歳）三月二日の親鸞書状には、「目もみえず候ふ（視力がずいぶん弱くなってきました）」とあります。体力の衰えを感じつつあったのでしょう。そして翌年三月には親しい門弟の一人であった高田の真仏がまだ五十歳で亡くなってしまいました。かなりの寂しい思いをしたことでしょう。

しかしその年十二月十四日、善法坊において顕智に「自然法爾（じねんほうに）」について力強く語っています。「自然法爾」とは、「自（おの）ずからあるがままにあること」で、「他力の救いが、人間のはからいによって成立するのではなく、阿弥陀仏が人間を救うための法として成立した名号の自ずからなるはたらきによって成立する」という意味です。

⑵ 大飢饉にあたって

正元（しょうげん）元年（一二五九）は全国的な飢饉で、多くの餓死者（がししゃ）が出ました。それは次の年まで続きました。翌年の文応（ぶんおう）元年十一月十三日、親鸞八十八歳はそれらの人々を悼みつつ、信心決定（しんじんけつじょう）の者の極楽往生は必ずであると、門弟の乗信に次のような書状を送っています。

なによりも、去年（こぞ）・今年、老少男女（ろうしょうなんにょ）おほくのひとびとの、死にあひて候ふらんことこそ、あはれに候へ。ただし生死無常（しょうじむじょう）のことわり、くはしく如来の説きおかせおはしまして候ふうへは、おどろきおぼしめすべからず候ふ。まづ善信（親鸞）が身には、臨終の善悪をば申さず、信心決定のひとは、疑なければ正定聚に住することにて候ふなり。さればこそ愚痴無智の人も、をはりもめでたく候へ。（下略）

「どんなことよりも、昨年・今年と多くの年取った、また若い男女の死に至ってしまったことは、ほんとうに気の毒です。しかし、人生のはかないことは、阿弥陀如来が詳しく説きおかれたことですので、驚き思われるにはおよびません。この親鸞でも臨終の時の状態は問題ではなく、信心が確立している人は疑う心を持っていませんので、極楽に往生できる立場にこの世で入っているのです。したがって、どのように愚かで智慧のない者でも、最後には極楽へ往生できるのです」。

(3) 入滅と葬送

『親鸞伝絵』によれば、親鸞は弘長二年（一二六二）十一月下旬、病気になって押小路南・万里小路東の屋敷で寝込むようになりました。そして念仏だけを称え続けて、同月二十八日、とうとう亡くなりました。享年九十歳でした。

親鸞の遺骸は東山の西の麓、鳥辺野の南のあたりにあった延仁寺で火葬にされ、鳥辺野の北にある大谷に埋葬されました。この時の親鸞の葬送は、末娘の覚信尼が中心になって行ないました。

親鸞が亡くなったこと、また葬送の様子は覚信尼が越後に住む恵信尼に知らせています。それを受け取って夫が亡くなったことを知った恵信尼は、

去年（こぞ）の十二月一日の御文、同二十日あまりに、たしかにみ候ひぬ。なによりも殿（親鸞）の御往生、なかなかはじめて申すにおよばず候ふ。（以下略）

「昨年十二月一日付のお手紙、同月二十日過ぎに確かに読みました。特に親鸞さんが亡くなられたこと、思いも寄らず、初めて知って言葉になりません」と覚信尼に返事を送って悼んでいます（恵信尼消息第一通）。さらに、その恵信尼消息には、次のようにもあります。文中、「益方」とは息子の日野有房で、のちに出家して道性と名乗った人物です。

益方も御（ご）りんずにあひまゐらせて候ひける、親子の契りと申しながら、ふかくこそおぼえ候へば、うれしく候、うれしく候。

「道性も親鸞さんのご臨終に間に合われたとのこと、親子という結びつき、とても深かったことよと大変うれしく思っています」。

『親鸞伝絵』によれば、十年後の文永九年（一二七二）、親鸞の墓を大谷の北に移し、お堂を建てて親鸞の木像を安置しました。『親鸞伝絵』にもその様子が描かれています。

⑷ 恵信尼の思い

恵信尼消息第一通には、親鸞・恵信尼一家が越後から関東へ来て常陸国下妻の幸井郷で恵信尼が夢を見た話が記されています。その夢の中で、恵信尼は夫が観音菩薩の化身であると聞かされて驚き、感動したとあります（前述）。

当時、夢は事実を語っていると考えられていました。でも、口に出して話してしまうと効果がなくなってしまうとも思われていましたし、また夢の内容を「嘘だろう」と思われてしまうだろうとも恵信尼は思い、誰にも、夫にも、もちろんのちになって生まれた覚信尼にも黙っていました。しかし、恵信尼消息第一通によれば、

観音の御ことは申さず候ひしかども、心ばかりはそののちうちまかせては思ひまゐらせず候ひしなり。かく御こころえ候ふべし。

されば御りんずはいかにもわたらせたまへ、疑ひ思ひまゐらせぬうへ、

「親鸞さんが観音菩薩の化身であるということは親鸞さんにも誰にも話しませんでしたが、私の心の中ではずっと大切にしてきました。このように思ってください。ですから、親鸞さんの臨終はどのような状態でも観音菩薩の生まれ変わりですから極楽往生されたのは疑いありません。それに」として前述の「益方」のことに続きます。

恵信尼は遠く離れて越後に住んでいても、親鸞を尊敬し、親鸞との心の結び付きは強かったのです。「御りんずはいかにもわたらせたまへ」とありますから、親鸞が息を引き取る寸前、たとえばもう念仏を称える力もなかったのか、それを見た覚信尼が「極楽往生できなかったのでしょうか」などと心配して恵信尼に問い合わせてきた可能性もあります。しかし恵信尼は「そのようなことは問題ではありません。必ず極楽往生されておられます」と言い切っているのです。

あとがき

今から八百年もの昔、親鸞聖人は九十年という長い一生を送り、鎌倉時代半ばの弘長二年（一二六二）十一月二十八日、この世を去りました。その人生は、今日に至るその後の人々を導く、輝くともしびとなっています。

しかし親鸞聖人の歩いた人生の道は、本書で見ましたように、平坦な道のりではありませんでした。わずか九歳で出家しなければならなかったのですし、比叡山での出家生活も苦しかった様子です。二十九歳で法然を訪ね、念仏の道に入ることができ、またその間に恵信尼と結婚できたことはよかったことでしょう。

ところが三十五歳で思いがけず越後国に流され、四十二歳で念仏布教の理想を掲げて関東に移りました。五十二歳の時には主著である『顕浄土真実教行証文類』を執筆できたとはいうものの、六十歳には家族と別れて単独で京都に帰ることになりました。

二十年ののち、関東で門弟たちの念仏が乱れた問題を鎮めなければならなくなりました。そしてそのために信頼して送った息子の善鸞が、自分の思うようには動いてくれないという問題も発生しました。八十歳代の初めでした。善鸞はどうも自分とは異なる教えを説いているらしい。悩んだ親鸞聖人はそれらの問題を解決すべく、数年かけて全力で努力しました。そして父と子の生き方の違いを乗り越えて、後世に残る大きな成果を生み出しました。

親鸞聖人八十代の数年があったことは、その人生全体をいっそう輝やかせていると筆者は受け止めています。むろんその輝きは、そこに至る八十年という長い人生を真摯に送ってきたからでしょう。私事ながら人生八十代に入ったばかりの筆者は、そのように思い、深い感銘を受けています。

以上のことを胸に、筆者も前に向かって進みたいと思います。

二〇二三年八月三日

今井雅晴

＊著者紹介

今井雅晴（いまい　まさはる）

一九四二年、東京都中央区生まれ。東京教育大学大学院博士課程修了。茨城大学教授、筑波大学大学院教授、プリンストン大学・コロンビア大学・大連大学・台湾国立政治大学・タシケント東洋学大学・カイロ大学その他の客員教授を経て、現在、筑波大学名誉教授・東国真宗研究所所長。専門は日本中世史・文化史・仏教史。文学博士。

著書　『時宗成立史の研究』『鎌倉新仏教の研究』『親鸞と東国』『仏都鎌倉の一五〇年』（吉川弘文館）。『親鸞と本願寺一族』（雄山閣）。『親鸞の家族と門弟』（法蔵館）。『親鸞をめぐる人びと』『親鸞の東国の風景』『歴史を知り、親鸞を知る』シリーズ『帰京後の親鸞』シリーズ（自照社出版）。『鎌倉北条氏の女性たち』（教育評論社）。『関東の親鸞』シリーズ（真宗文化センター）。『帰京後の親鸞』シリーズ『鎌倉時代の和歌に託した心』（合同会社自照社）ほか。

親鸞聖人御誕生八百五十年・立教開宗八百年慶讃
親鸞聖人の一生

2023年 9 月 1 日　第 1 刷発行

著　者　今 井 雅 晴
発　行　築地本願寺
〒104-8435 東京都中央区築地3-15-1
tel:03-3541-1131 fax:03-3541-1196
製　作
発　売　合同会社 自照社
〒520-0112 滋賀県大津市日吉台4-3-7
tel:077-507-8209 fax:077-507-9926
hp:https://jishosha.shop-pro.jp
印　刷　亜細亜印刷株式会社

ISBN978-4-910494-25-8

今井雅晴の本

鎌倉時代の和歌に託した心

西行・後白河法皇・静御前・藤原定家・後鳥羽上皇・源実朝・宗尊親王・親鸞

今井雅晴

鎌倉時代、その歴史に刻まれた行動の背景にはどのような思いがあったのか。残された和歌から、その心の深層を読み解く。

Ｂ６・192頁
1800円＋税

鎌倉時代の和歌に託した心・続

建礼門院・源頼朝・九条兼実・鴨長明・後鳥羽院
宮内卿・宇都宮頼綱・北条泰時・西園寺公経

今井雅晴

シリーズ続篇。幼くして壇ノ浦に沈んだ安徳天皇の母・建礼門院や、法然門下の武将・宇都宮頼綱ら８人の〝思い〟に迫る。

Ｂ６・168頁
1800円＋税

鎌倉時代の和歌に託した心・続々

八条院高倉・極楽寺重時・笠間時朝・後嵯峨天皇・一遍・北条貞時・後醍醐天皇・足利尊氏

今井雅晴

完結篇となる本書では、時宗の開祖・一遍や、鎌倉幕府打倒を成した後醍醐天皇・足利尊氏ら８人の〝心〟に迫る。

Ｂ６・168頁
1800円＋税

発行：自照社

帰京後の親鸞 ―明日にともしびを―

《全15冊》

今井雅晴 著

- **1** 六十三歳の親鸞―沈黙から活動の再開へ―
- **2** 六十七歳の親鸞―後鳥羽上皇批判―
- **3** 七　十　歳の親鸞―悪人正機説の広まり―
- **4** 七十四歳の親鸞―覚信尼とその周囲の人びと―
- **5** 七十五歳の親鸞―『教行信証』の書写を尊蓮に許す―
- **6** 七十六歳の親鸞―『浄土和讃』と『高僧和讃』―
- **7** 七十九歳の親鸞―山伏弁円・平塚の入道の没―
- **8** 八　十　歳の親鸞―造悪無碍―
- 9 八十二歳の親鸞―善鸞異義事件―
- 10 八十三歳の親鸞―精力的な執筆活動―
- 11 八十四歳の親鸞―『西方指南抄』―
- 12 八十五歳の親鸞―信心と報謝―
- 13 八十六歳の親鸞―自然法爾―
- 14 八十八歳の親鸞―静かな最晩年―
- 15 九　十　歳の親鸞―京都にて死去―

Ｂ６判・並製・各84～112頁程度　　定価 各本体1,000円＋税

＊全冊予約受付中（既刊８冊・続刊：年２冊刊行予定）　　発行：自照社